浙江省普通高校"十三五"新形态教材

浙江省 2018 年重点出版物出版计划

2019 年度浙江省社科联人文社科出版资助项目（19WT09）

U0749460

君子的风范

——《论语》的人生理想

王　正著

浙江工商大学出版社｜杭州

ZHEJIANG GONGSHANG UNIVERSITY PRESS

图书在版编目(CIP)数据

君子的风范:《论语》的人生理想 / 王正著. —
杭州:浙江工商大学出版社,2019.6
(网络化人文丛书 / 蒋承勇主编)
ISBN 978-7-5178-3169-3

Ⅰ. ①君… Ⅱ. ①王… Ⅲ. ①儒家②《论语》-研究
Ⅳ. ①B222.25

中国版本图书馆 CIP 数据核字(2019)第 043265 号

君子的风范——《论语》的人生理想
王　正著

出 品 人	鲍观明
责任编辑	刘淑娟　王黎明
封面设计	林朦朦
责任印制	包建辉
出版发行	浙江工商大学出版社
	(杭州市教工路 198 号　邮政编码 310012)
	(E-mail:zjgsupress@163.com)
	(网址:http://www.zjgsupress.com)
	电话:0571-88904980,88831806(传真)
排　　版	杭州朝曦图文设计有限公司
印　　刷	杭州宏雅印刷有限公司
开　　本	787mm×960mm　1/32
印　　张	6
字　　数	92 千
版 印 次	2019 年 6 月第 1 版　2019 年 6 月第 1 次印刷
书　　号	ISBN 978-7-5178-3169-3
定　　价	28.00 元

总　序

从普及人文知识,提升大学生和社会公众人文素养的宗旨出发,我们精心策划编写了这套"文字—视频—音频"三位一体的"网络化人文丛书"。其定位是:人文类普及读物,兼顾知识性、学术性、通俗性;既可作为大学人文通识课教材,又可作为社会公众的普及读物。

移动网络时代,"屏读"逐步改变着人们的阅读方式,传统的"纸读"在人们的阅读生活中有日渐淡出之势。常常有人称"屏读"为肤浅的"碎片化"阅读,缺乏知识掌握的系统性和文本理解的深度,因此,我对此种阅读方式表示忧虑。

我以为,我们应该倡导有深度和系统性的阅读——主要指传统的"纸读",但是,对所谓"碎片化"的阅读,也不必一味地批评与指责。这不仅是因为"屏读"依托于网络新技术因而有其不可抗拒性,还因为事实上这种阅读方式也未必都是毫无益处甚至是负面的,关键是网络时代人们的心境已然不再有田园牧歌式的宁静与悠然,而是追求单位时间内阅读的快捷性和有效性,这符合快节奏时代人们对行为高效率的心理诉求。我们没有理由在强调不放弃传统阅读方式的同时,非得完全拒斥移动网络时代新的阅读方式，而应该因势利导，为新的阅读方式提供更优质的阅读资源和更多元化的阅读渠道。

基于此种理念，这套"网络化人文丛书"力求传统与现代、人文与技术的融合，通过二维码技术使"纸读"与"屏读"（视频、音频）立体呈现，文字、视频和音频"三位一体"，版式新颖；书稿内容力求少而精，有人文意蕴，行文深入浅出、雅俗共赏，在一般性知识介绍与阐释的基础上有学术的引领和提升；语言简洁、明了、流畅，可读性强，既不采用教材语言，也不采用学术著作语言，力图让其成为网络时代新的阅读期待视野下大学生和社会公众喜闻乐见的人文类普及性读物。

我们坚信，这样的写作与编辑理念是与时代精神及大众阅读心理相契合的。不知诸君以为如何？

蒋承勇

2018 年 8 月

目 录

引　言　半部《论语》治天下

在《论语》传播史上，"半部《论语》治天下"曾传为美谈和佳话。

关于这句话的来龙去脉，学界一般认为，是南宋罗大经《鹤林玉露》所载。而据史学家洪业先生考证，早于《鹤林玉露》七十多年，南宋龚昱为其师李衡编辑的《乐庵语录》，即有如下记录：宋太宗准备任命赵普做宰相，有人进言说，赵普"惟能读《论语》耳"。太宗就去问赵普，他回答说："臣实不知书，但能读《论语》，佐艺祖定天下，才用得半部。尚有一半，可以辅陛下。"《鹤林玉露》记赵普之言"臣平生所知，诚不出此，昔以其半辅太祖定天下，今欲以其半辅陛下致太平"，与此如出一辙。这便是"半部《论语》治天下"典故的由来。

这个故事告诉我们，在阅读经典方面，可以采取"少而精"的策略，集中时间、精力主攻一部，甚至不读其他书，仅仅读《论语》，也能兴邦治国！

　　不过，这个故事自流传之始，即备受质疑和争议。兹综述如下：

　　一是从赵普的遗文考察。赵普一生著述不多，从现存的《龙飞记》和奏折遗稿等文献稽考，"何尝有一字肖着《论语》也？"一个毕生专读《论语》的人，竟然几乎不提《论语》，岂非咄咄怪事？目前只见李焘的《续资治通鉴长编》中，记述了宋太宗开仓赈济百姓，赵普赞美他的仁心之举，用了"夫民犹草也，草上之风必偃"的话，即引用了《论语·颜渊》中"君子之德风，小人之德草，草上之风必偃"的比喻。但引用《论语》个别字句，未必就能证明赵普一生曾倾注此书，而且文献中的个案，也无法佐证赵普一生与《论语》的缘分有多深。

　　二是从赵普的品行考察。《宋史·赵普传》说他"少习吏事，寡学术""太祖常劝以读书，晚年手不释卷"。可见，在他人生较长的一段时间里，他算不上一个真正的读书人，至少不以学识见长。如此，要深切理解《论语》的微言大义，并非易事。明代刘定之就曾历数赵普对异己力量、个人利益、同朝官员的态度，均与《论语》中"无求生以害仁""君子喻于义""以直报怨"的思想理念背道而驰。不少学者均指出，说"半部《论语》治天下"出于赵普之口，赵普以《论语》的理念治国理政，这如果不

是赵普本人大言不惭,就是编故事的人言语妄诞。

三是从赵普的逸事考察。《东都事略》等史书记载,赵普在朝廷中每遇大事难事,就回家关门开箱,取《论语》终日读之,"次日临政,处决如流"。这里的疑点在于,《论语》在当时属于蒙童普及本,光国子监刻本就数以千计,既非稀世珍本,亦非明令禁书,有必要锁箱密藏、闭门偷读吗? 于是,也有天真的学者,借杜甫诗句"小儿学问只《论语》,大儿结束随商贾"推论,赵普之所以闭户私读,是因为以宰相身份喜欢儿童启蒙读物,有违常理,怕人笑话。但这很难解释光读儿童读物就能够"次日临政,处决如流"。而且,按陈来的观点,《论语》自汉代起,便已获得与"五经"同等的经典地位。所谓蒙童读物,并非将《论语》划归为低幼浅俗读物,而是特别推崇这部经典,将其指定为从小起步的必读书。《论语》在通俗、浅近的表象背后,却是圣人之道的深刻意蕴的所在,读书致用,当以"义理"为主,《论语》与技术实用的书截然不同,又怎么可能"今日读之,明日用之"?

四是从《论语》的体例考察。《论语》是孔门师徒之间的教诲启迪,探讨如何为人处世和治学从政,是对话的语录汇编,孔子的言论散见诸篇,相互映示,彼此贯通,甚至出现前后重复的情况,并非系统的排列组合,因而无法硬生生地拆分成两个"半部"。譬如崔述就认为,要了解从政要义,孔子答仲弓的话最为精妙,如果能熟读此章而身体力行,那么即使做宰相也绰绰有余,"岂待半部"!吕柟的《四书因问》中也有类似的说法:"若果有得道,千乘之国一条足矣,何必半部!……苟泥其言而忘其意,虽全部《论语》,其如天下何!"从"岂待半部""何必半部"等论述来看,以"半部"来划分《论语》的内涵,反而无法彰显《论语》的哲理。《论语》的名言隽语,像"民无信不立""道之以德,齐之以礼"等,是基本原则,往往一章一节,一字一句,就昭示出理念和方向,值得终身奉行。最典型的例子,便是宋代的另一位宰相李沆,读到《论语》中"节用而爱人,使民以时"这一句时,觉得可以终身诵之,只怕自己做不到。因此,《论语》中的一章一句,都教人终身受益,唯独无法截然分成"定天下""治天下"两个"半部"。当然,如果说"一半""半部"并非实指,而是虚数,像"一言半辞""一鳞半爪""秀才人情纸半张"那样,意指以少胜多,那又另当别论。

五是从史家的评述考察。"半部《论语》治天下"的史料来源,目前学界只能追溯至南宋中叶,如上述《乐庵语录》与《鹤林玉露》。而在南宋中叶

的两位史学大家朱熹和李焘的著作里，从未提及过此事。朱熹《五朝名臣言行录》记载赵普事迹二十则，李焘《续资治通鉴长编》对赵普仕途生涯的记述较详，他们都在赵普生平资料上下过一番功夫，但都不曾提及赵普读一部《论语》的事、用半部《论语》的话。并非他们不了解同时代的坊间传闻，而是从"史实"的尺度衡量，到底有没有真实发生过赵普"半部《论语》治天下"的事，至少在两位史学家心目中，是存疑的。《玉壶清话》中记载，自太祖劝赵普读书之后，赵普"手不释卷"，后来学识超过了饱读诗书之士。赵普从太祖时起即已发愤读书，因此不可能到了太宗朝还说自己只读《论语》。或许，《玉壶清话》作为逸事野史不足为凭，但追溯这则"野史"的资料源头，却是赵普传记最早的可靠史料，即宋太宗御撰的碑文《赵中令公普神道碑》："及至晚岁，酷爱读书。经史百家，常存几案"，以至于"硕学老儒，宛有不及"。洪业先生据此认为，熟读"经史百家"的赵普，不可能说自己"只读《论语》"。传说的佳话，在史料面前渐露矛盾和破绽。照此看来，"半部《论语》治天下"的事情，在历史上并不存在，是由虚构而产生的"美丽的谎言"。

　　那么，这个"美丽的谎言"又是如何诞生的呢？

我们回到"半部《论语》治天下"的典故出处《乐庵语录》。该语录乃南宋学者李衡(号乐庵)日常讲学的话语记录,学生说他"教人也,无他术,但以《论语》朝夕讨究"。而李衡自己称,"平生操心行己,立朝事君,皆赵君之言",认为自己正心修身,是受到赵君劝学《论语》的影响。这位赵君,就是曾与李衡一起温习科考,同居一舍长达一年的赵孝孙(仲脩)。赵孝孙的父亲赵彦子是理学宗师程颐的弟子。目前因史料所限,尚不足以证明李衡即"半部《论语》治天下"的始作俑者,更无法论证"半部《论语》治天下"之说源自赵孝孙,但李衡的思想传承和"半部《论语》治天下"之说,与"二程"学派有很深的渊源,则脉络可寻。在程朱理学时代,《论语》早已从蒙童读物上升到"四书"的核心地位,并逐渐成为群经之首、学术正宗,这是宋朝理学的一代风气。在此风气之下,理学的传人,为了在社会上传播《论语》,选择宋初贤臣赵普作为《论语》的形象代言人,也是顺理成章的。朱熹在《五朝名臣言行录》中,以赵普居首,评价他"以天下为己任""当世无与为比";太祖、太宗曾雪夜造访,与之共商用兵之策。在赵普的身上,颇能彰显"君臣之义"。借赵普之口说出"半部《论语》治天下",应该是经过精心策划而创作的《论语》宣传片

和广告词。

虽然，这样的广告词，在历史上查无实据，极可能是一个虚构的故事。赵普已读"经史百家"，不可能"只读《论语》"，如果是博览群书而以《论语》为中心，那应该如《宋史·李衡传》所言，"虽博通群书而以《论语》为根本"，而不会说"但能读《论语》"；《论语》一字一句皆具深意，而且义理互见，也无法分割成两个"半部"；赵普的言行，更不可能与《论语》名言一一对号入座，他为太祖设计了"稍夺其权，制其钱谷，收其精兵"的长治久安之策，更像一位深谋远虑的政治家，而不像谦谦君子。种种迹象表明，该故事具有假托、虚构和想象的色彩。不过，在历经沧海桑田和世事变迁后，儒学传人一直以"为天地立心，为生民立命，为往圣继绝学，为万世开太平"作为自己的使命担当和终极关怀；以"德配天道"，召唤人性的尊严和善性，凝聚正能量；以敬畏天地、完善自我、仁爱天下等基本元素，塑造"仁者＋智者"的君子风范；以源于亲情的仁义爱心，构建起坦诚相见、以礼相待、相亲相爱的社会伦理秩序；以"成于乐"的审美意识，培养"中正平和"的优雅性情；以"发愤忘食，乐以忘忧"的进取精神，实现儒家的理想境界。为了天地之道和人生真谛，儒家传人明知"任重而道远"，仍

"造次必于是,颠沛必于是",一代又一代地承续着儒家的文化传统。在他们的理想范式里,以圣人之心为天下之心,以《论语》的精神替天下建立一个为人处世的标准。这样的理想,在世世代代儒家士子心目中,却是真真切切存在的,是"永远活着的梦想"。在具体的人生实践中,这一梦想,代表着千百年一贯的价值追求,天下人共同的家国情怀。从这个意义上说,"半部《论语》治天下"又不完全是虚构的故事,它蕴含着理学时代的人们对至善至美的圣人之道、对仁爱天下的人文情怀、对允执厥中的人生智慧的真正梦想,充满了文学性和哲理性,意味深长,"虚构"之中寄寓着"真实"的情愫。

对"半部《论语》治天下"信以为真的读书人,是为了追随《论语》的崇高理想、处世智慧和人生价值;论证"半部《论语》治天下"纯属子虚乌有的学者,虽质疑故事的真实性,但通过论证、推演和阐释,进一步发掘了《论语》内涵的精微深刻之处,因此反而对《论语》本身的价值深信不疑,认为《论语》博大精深,一章一节一字一句,都足以让人终身体悟、奉行和受益。即便那些曾认为《论语》是蒙童读物的学者,也逐渐对《论语》仰之弥高,肃然起敬。因此,无论故事是真是假,都不会湮没《论

语》本身的价值和光辉。

　　或许,整部《论语》的微言大义,人们穷其一生都难以透彻理解,《论语》值得我们反复阅读。一部经典作品,是一本即使我们初读也像重温的书,一见如故,心有灵犀;反过来也成立,一部经典作品,是一本即使我们重温也像初读的书,无论读多少遍,都会有新的发现、新的启迪,总觉得意犹未尽,余韵无穷。《论语》就是这样一部在人生的不同时期读它都能温故知新、产生新的感悟的经典文本。由于人生的不同发展阶段都可以从《论语》这部书里获得精神资源,因此人的生存和发展是与《论语》的哲学思想、精神实质高度熔铸在一起的。《论语》,就是中国人的人生教科书、人生哲学。

1 君子的人格内涵

　　"君子"的最初意义，如同"士大夫"的称谓，是社会地位和身份的象征。"君子劳心，小人劳力"，在当时，"君子"与"小人"的区别，即贵族与庶民的区别。至东汉，《白虎通义》明确提出"君子"乃"道德之称"，如此，"君子"实现了从身份到人品的华丽转身。而在孔子那里，"君子"成为理想人格的代名词。所以，辜鸿铭称孔子哲学为"君子之道"，余英时称儒学为"君子之学"。

　　"君子"最鲜明的人格特质，就是追求真理独立不移的情操和气节，"谋道不谋食""忧道不忧贫"，他们不甘平庸，为了理想，无忧无惧，即使颠沛流离也在所不惜。有了这样的精神底色，君子立身行事光明磊落，至诚坦荡，一诺千金，"君子坦荡荡，小人长戚戚"，他们自觉承担起为人师表的道德楷模的责任。君子具备高尚的美德，但并非十全十美的完人，"人非圣贤，孰能无过"，但君子

的品格,仿佛自带免疫功能,每日"三省吾身",好学不倦,见贤思齐,知过必改,止于至善,人格不断趋向完美。

君子人格的内在结构,是"智者乐水,仁者乐山",像水一样机敏灵动,处世有方;像山一样巍然凝重,志存高远。美国学者郝大维、安乐哲在《孔子哲学思微》中指出,"君子"既是"知"(智)的榜样,又是"仁"(德)的榜样,是"仁者+智者"的人格类型。君子德才兼备,"文质彬彬",正像周易谦卦的卦象所昭示的:内存高山之卓越,外显大地之沉静。

1.1 名正言顺

孔子认为,任何纷繁复杂的事件,都可以纳入儒家经典的话语系统中,予以彻底地解决。

解决的路径就是"正名"。

关于"正名",主要有以下三种含义:

一是名即"名物",正名是"正百事之名"。古代圣贤为山川草木、鸟兽虫鱼命名和分类,其目的就是赋予具体事物以特定名称,建构起人对天地万物的认知系统。

二是名即"名实",正名是"以名正实""循名责实",使实皆如其名。冯友兰以"君君,臣臣,父父,子子"为例，认为上一个"君"字，指事实上的国君，下一个"君"字，指国君的名称、国君的定义。臣、父、子依此类推，"若使君臣父子，皆如其定义，皆尽其道，则天下有道矣"。而"正名"的目的，恰恰是要确立"名"的法定地位，并以"名"为标尺，定义社会角色，规范社会行为，从而形成社会秩序的合法性。

三是名即"名分"，正名是界定真实身份，论证其政治、伦理上的合法性。杨伯峻认为孔子"正名"所要纠正的，是有关古代礼制，是有关伦理与政治的问题，不是语法修辞的问题。当子路问孔子"卫君待而为政，子将奚先"的时候，孔子明确回答："必也正名乎！"（《论语·子路》）孔子在这里所说的"正名"，并非泛指一般的治国策略，而是特指在卫国当时的社会背景下，治国理政从何处入手、以何事为根本的问题。而当时卫国面临的最大难题，就是蒯聩与辄"父子争国"所带来的乱象丛生。

我们对"父子争国"的事实简述如下：卫灵公的夫人南子与宋国公子朝有染，太子蒯聩与家臣戏阳遬密谋除掉南子，事情败露后，蒯聩逃到敌国晋投靠了赵鞅（赵简子）。卫灵公曾想另立小儿子郢为王位继承人，郢婉言辞去。卫灵公死后，夫人

南子根据遗命再次请郢继任，郢说："亡人太子蒯聩之子辄在也，不敢当。"于是辄就被推选为国君，史称卫出公。而此时蒯聩在晋国赵鞅的支持下回国争夺王位，被卫国臣民拒之城外，只好暂居卫国戚地。十五年后，他在姐姐伯姬的帮助下劫持卫国首宰孔悝并夺取政权，史称卫庄公。不过好景不长，三年后即被下臣所杀。这就是历史上曾搅得卫国血雨腥风、鸡犬不宁的"父子争国"闹剧。

在这一事件中，谁才是卫国名正言顺的继承者？谁才是名分中真正的王？这是卫国安邦定国的根本问题，不能不"正名"。

针对这一问题，孔子的态度十分鲜明："名不正，则言不顺。"名分如果不能界定得准确清楚，言语表达就无法顺理成章，如此就会带来一系列后果，因为名分不恰当，道理讲不清，理由不充分，做什么事都没有底气，事情就会困难重重无法完成，影响到礼乐制度不能在社会上普遍盛行，刑罚也会因为失去准绳而处置不当，百姓就会惊慌失措，连手脚都不知道该如何安放。所以，当时卫国的首要问题是端正名分，给"父子争国"一个确切的说法，一个明确的结论。为此，孔子还进一步提出了"正名"在话语上的要求："君子于其言，无所苟而已矣。"在大是大非的问题上，必须"一是一，二是二"，言语表述要明确清晰干脆，不能有任何含糊、暧昧、模棱两可和拖泥带水的地方。

事实上，对"父子争国"的正名问题，历代儒家先贤早有陈述。

朱熹在《四书章句集注》中说，"蒯聩欲杀母，得罪于父，而辄据国以拒父，皆无父之人也"，朱熹的意思很清楚，蒯聩和辄都不尊重父亲，"父不父，子不子"，这两个人都不是合适人选，按照古代礼制，"无父之人不可立"，两人都不应该拥有王位，真正有资格做国王的，还是那个像伯夷、叔齐一样具有礼让风范的公子郢。公子郢在乱象之前，就出于人生智慧和礼让美德，不愿卷入是非旋涡，他又怎么会在出现父子争国的混乱局面之后再身陷其中？朱熹的"正名"及其解决方案，带有一定的理想化色彩。钱穆在《孔子传》中就曾指出，卫出公尊重并希望任用孔子，孔子如果仍提出废辄立郢，又将如何面对自己和卫出公之间的君臣之名？所以钱穆认为这个方案"显非《论语》本章所言正名之本意"。

王阳明在《传习录》中也表达过类似的看法，他认为孔子面对卫出公的诚意，"岂有一人致敬尽礼，待我而为政，我就先去废他，岂人情天理？"他提出的解决方案是以情动人、以孝感人。孔子先

以"盛德至诚"感化卫出公辄,"使知无父之不可以为人",促使卫出公"痛哭奔走,往迎其父"。而由于父子之爱,本于天性,蒯聩最终被辄的孝心所打动,再加上孔子真诚地从中调和,他也绝不肯接受王位,而是与群臣百姓一起感激辄悔悟仁孝的一番美意,禀告方伯诸侯,仍然立辄为卫国之君,而自己被尊为太公。王阳明的方案,有一个关键因素,就是蒯聩的感动觉悟,以其十五年为夺国而战的执念,以及行事人品来看,成功的概率很小。王阳明的解决方案,是超脱了卫国面临的严峻局势而构想出来的以礼乐治天下的美好图景。

于是,也有学者从《公羊传》《谷梁传》中找出依据,认为卫出公"以王父命辞父命",他是谨遵卫灵公生前的旨意,拒蒯聩没有过错,而且蒯聩弑母、叛国、争位,父丧期间发兵、引狼入室,数事并犯,理应被拒绝。另一说法认为,蒯聩刚居戚地时,辄才十岁出头,拒蒯聩不可能由他决策,是南子和卫国大臣所为,而且蒯聩居戚十余年,也算是"由辄以国养"。无论是从理论上认为应当拒聩,还是从事实上认为没有拒聩,这些观点都是为卫出公开脱,比较符合子路"奚其正"(何必正名)的思路,并没有彰显出孔子的正名本意。

清儒刘宝楠等人,从孔颖达《春秋左传正义》

中又找到了新的依据。根据文中"晋赵鞅帅师纳卫世子蒯聩于戚"的"世子"一词推断，卫灵公生前并未正式下旨废除蒯聩而另立太子，因而卫人不能拒之门外，因此认为孔子的"正名"是"正世子之名"。对此，"二程"高足杨时(龟山)的弟子胡安国曾有精辟的分析：蒯聩作为儿子，杀母，属于不孝；作为太子，不顾自身重任而出奔，属于轻国；作为父亲，非但没有希望自己儿子"富且贵"，而与之夺位，属于不慈。他在《胡氏春秋传》里提出："蒯聩之于天理逆矣，何疑于废黜？"胡安国认为，《春秋》经文之所以仍称他"世子"，乃是明其罪，并非证明他可以继承君位，而称"纳"则表明"见蒯聩无道，为国人之所不受也"。

结合上面朱熹和王阳明的解决方案，程朱理学和王阳明对这位"世子"都是殊无好感，都认为由他继承王位存在"德不配位"的问题。根据古代礼制，作为太子和儿子，如果对南子的行为不满，出于正义感，也应该采取进谏的方法，"为人臣之礼，不显谏"(《礼记·曲礼下》)，"事父母几谏，见志不从，又敬不违，劳而不怨"(《论语·里仁》)，而不是意气用事，采取弑母犯上的行为，这既不仁也不智，非君子所为，更不用说忍辱负重担当大任的国君素质了；蒯聩事败出奔，却去投靠多次伐卫的

敌国晋，也违背了"君子违，不适仇国"(《左传·哀公八年》)的原则；卫灵公卒于鲁哀公二年四月，而蒯聩六月即据戚而居，八月又随赵鞅发兵攻打郑国的子姚和子般，也与居丧者不与战阵的古礼不合。卫灵公生前虽然没有正式下旨，但遣散他的党羽，找公子郢正式谈话，希望他成为卫国新的继承人，意在表明，蒯聩的太子之位，名存而实废。这样一位名存实废的"太子"，说孔子通过"正名"来证明他是当然的王位接班人，于情于理于史实依据，都难以成立。

另据《史记·卫康叔世家》载，蒯聩即位之后，对大臣原先没有迎立他而怀恨在心，"欲尽诛大臣"，差点引起群臣的动乱。《孔子家语·曲礼公西赤问》也有一段史料可以与《史记》互证，卫庄公蒯聩回国之后，"改旧制，变宗庙，易朝市"，宗庙之门本在王宫西面，他非要改成东边，诸如此类的颠覆周礼之行为，孔子曾明确表示过反对。面对这样一位心胸狭隘、行事颠倒的人物，若说孔子不顾一切为之"正名"，这必然与孔子本意相违背。

梳理《左传》《孔子家语》《史记》等史料，目前尚无孔子评述公子郢的记载，也无孔子与卫国贤臣史鱼、蘧伯玉等人讨论公子郢的对话，因此，虽然以"二程"与朱熹的眼光，公子郢无论品行才学，足以为君，但未必是孔子"正名"的中心人物。因为，若为公子郢正名，横亘在"父子争国"中的诸多政治—伦理问题，以及错综复杂的矛盾纠葛，就仍然不能在"正名"中得以破解。

排除了太子蒯聩和公子郢，照理说，剩下的只有卫出公辄了。但清儒毛奇龄对卫出公继位的合法性也提出了质疑。他认为孔子"正名"的最核心部分，应该是"正"卫出公辄"受命与否"之"名"。换句话说，就是本着《春秋》大法，论证卫出公辄拒绝蒯聩入城到底算不算"拒父"。因为卫国大臣们打出的旗号是，"不曰为辄拒父，而曰为灵公拒逆"，他们依据祖宗家法和当时通行的政治正义性原则，可以"以王父命辞父命"，以"祢祖"而"拒父"，即以先王卫灵公的遗命否定"太子"蒯聩继承的合法性。而问题在于，卫出公的王位是否出自卫灵公的遗命？客观事实是，南子说"命公子郢为太子，君命也"，而郢说亡人之子辄在，乃立辄。卫灵公要立的是公子郢，公子郢又推荐了太子蒯聩的儿子辄，立辄为国君是卫灵公死后南子与大臣所为，并非直接出自卫灵公之命，"辄固未尝受命于灵公"。毛奇龄据此认为，孔子"正名"，是"正受命之名"，等于昭告世人，卫出公辄"据国拒父"，并不具备合法性。

　　根据殷礼和周礼,在王位继承问题上,实行的是"父死子继"和"兄终弟及"的双轨制,而且"子继为常,弟及为变",子继父业是主流。至于子继父业的世袭制的具体运作方法,王国维先生在《殷周制度论》中指出,"嫡庶制度"是周代宗法制的根本。因此,卫灵公命郢,郢不受而荐辄,其实郢所提出的理由就是嫡庶之制不可废。不过,王国维在强调"嫡庶制度"的同时,认为周代礼法,还以"尊尊、亲亲、贤贤、男女有别"为道德准绳,充分体现人的道德品行在制度衡量中的核心地位。《尚书·康诰》就将"不孝不友"作为首恶大奸之罪。可见,在周代,作为家国传承的嫡庶制度和作为道德规范的伦理制度,是相互配套的制度体系。那个既逆先王命,又无慈爱心,且叛国投敌的"太子"蒯聩,虽然符合嫡子继承的制度,但在伦理制度上显然与"尊尊、亲亲"的本意发生了严重冲突,在道德品质上是一个完全不合格的继承者,由其继承王位显然德不配位,违背王制礼法。孔子自己就曾明确表示"弑父与君,亦不从也"(《论语·先进》),如果国君无道,就不能毫无原则地去追随他做大臣。再看卫出公辄,他是正宗的嫡系孙子,在嫡子不配、"弟及"不成的形势下,被南子和王公大臣推上王位,本质上并未破坏嫡传的制度,而且在位十余年,虽然没有大的建树,但国家基本稳定。美国学者罗尔斯在《正义论》中指出,一个社会的正义性,主要在于社会主要体制的安排能否赢得社会全体成员的总体满足,以及社会的有序性。孔子自己说,"危邦不入,乱邦不居"(《论语·泰伯》),他在鲁哀公六年自陈入卫,至鲁哀公十一年归鲁,在卫国生活了五年左右,可见对卫国国政的基本认可。因此,孔子的"正名",不是"正"卫出公辄执政的合法性问题,而是"正"卫出公辄"据国拒父"的合法性问题。

胡安国早就说过,无论蒯聩怎样无道,作为儿子的辄都不应该以国拒父,他始终认为"父虽不父,子不可以不子""天下岂有无父之国"。而且蒯聩在外,支持他的晋国军队虎视眈眈,随时都可能引发一场血战且危及国家安全。后来发生的史实,也印证了孔子的远见卓识。所以,孔子的"正名",目的是"正父子人伦之名"。

解决的具体方案如下:

(1)卫出公不能拒父亲。

根据古礼,父子关系为人伦之本,"无父之人不可立",卫出公辄应及时接纳蒯聩回国,改善父子关系,重享人伦之乐,化解社会舆情,而将晋国军队坚决拒之门外。

（2）诸侯方伯议新主。

卫出公辄按朝廷议事程序，向王公大臣提出"让位"的建议，谁做国王，由朝廷公决。这是亮出自己的态度，符合古代尊父的礼制。

（3）蒯聩不配任国君。

朝中大臣，"告诸天王，请于方伯"，重申宗法制度，辨析是非，明确指出蒯聩的不义之举，断其争王念头。同时，重新确立辄的执政合法性。这是我们明显不同于古代圣贤观点的地方，蒯聩不适合做国君，不是从他本人的感动觉悟和良心发现这点出发，而是根据当时的礼法制度、政治体制和法定程序，明辨是非曲直，以"正名"的明确结论，为父子争国事件画上一个句号。

（4）父子和好享天伦。

根据当时的政治制度，经朝廷商议，给予蒯聩以国王父亲的身份、合适的位置及生活待遇，彰显尊父爱子的礼制。

（5）名正言顺礼乐兴。

在"正名"之后，不仅要确立一个大家公认的王，还要健全和遵守礼法制度，让王在"名"的规范下，重整朝纲，成长为一个名副其实的王。

"正父子人伦之名"，在政治—伦理上具有丰富的内涵：既然父子人伦是人之根本，"其为人也

孝弟,而好犯上者,鲜矣"(《论语·学而》),那么,
"太子"蒯聩弑母逆父投敌争位,就必然没有资格
继任国君,这样就自然化解了王位继承权的难题;
接纳蒯聩,恢复和改善两人的父子关系,也在无形
之中疏导了诸侯"劝辄让位"的公众舆情,消弭了
不良社会舆论的影响,为卫出公赢得声誉;将父子
之间的敌我对立矛盾,转化为国内家内的正常关
系处理,也有效维护了国家安全。

"正名",才是解决复杂矛盾、理顺人伦秩序的
理性智慧。

1.2 思无邪

> 子曰:"《诗》三百,一言以蔽之,曰
> '思无邪'。"
>
> ——《论语·为政》

"思无邪",顾名思义,乃思想纯洁无邪,这是
约定俗成的定义。宋代理学大家邢昺、朱熹分别
用"止邪防僻"归于正道、"兴发善心"克制欲望来
诠释思无邪,都具有劝善惩恶、追求高尚道德和自
我完善的意味。今人杨伯峻《论语译注》沿用其
说,译为"思想纯正",这大概是古往今来关于"思
无邪"的最正宗也是最正统的阐释。

然而，从新出土的文献资料看，春秋战国时期，除了思想道德的规范之外，"人的性情"也成为理论研究的重大问题之一。"道始于情，情生于性"（郭店楚简《性自命出》），"礼生于情""礼作于情"（战国楚竹书《性情论》），是当时的共识。当时的儒家之"道"、儒家之"礼"并非排斥人性人情，而是与人性人情融为一体，甚至将人性人情作为制礼作乐确立社会秩序的出发点。普林斯顿大学教授柯马丁就借楚竹书《孔子诗论》第十简"《关雎》以色喻于礼"之说，指出孔子论诗是努力发掘《诗经》的情感内涵，并在情欲与道德之间保持一种张力。可见，道德内涵不是"思无邪"的唯一，换言之，道德—伦理价值不是"思无邪"的完整含义。

"思无邪"三字，并非孔子首创，其语出《诗经·鲁颂·駉》。诗中有"思无疆""思无期""思无斁""思无邪"等赞叹语，极言鲁侯马匹之多，在草原上无边无际。俞樾考证，"思"为发语词，有同属《诗经》"鲁颂"的《泮水》"思乐泮水，薄采其芹"为证（《曲园杂纂·说项》）。至于"邪"字，古文字学家于省吾认为，"牙"和"吾"古字相通，而"圉"与"圄"同音相假，所以，"邪"应读作"圉"，通"圉"（边陲），无邪犹言无边（《泽螺居诗经新证卷中·鲁颂》）。俞樾和于省吾的文字学考证，或许都只是

一家之言,孔子读诗,有可能断章取义,别出心裁。杨伯峻就持此观点。只是有以下三个依据让我们质疑孔子"断章取义"之说:

第一,孔子向来"述而不作,信而好古",即还原经典原意而不乱加发挥。

第二,据《左传》载,断章取义运用诗句是春秋鲁国的一种风气,但不会乱用一气。戴震就说过,古人断章取义运用《诗经》,一定是可以和原义"交通",相互关联,没有"尽失其义误读其文者"。如果"断取一句而并其字不顾,是乱经也"(《毛郑诗考正》卷三)。也就是说,即便断章取义,也是选取诗中的部分含义,这抽取出来的部分含义或许与原文整体含义已完全不同,但毕竟与原来的"部分"含义相关,或是其原意,或是其引申义或比喻义。断章取义之"义"乃从"断章"中取出的"义",而不是连"断章"也不顾的别解之"义"。离开"断章"文字的本义另生新义,则有"乱经"之虞。《论语》中"断章式"引述《诗经》原文的,除了"思无邪",尚有几处,这里举其二略做说明。

(1)子贡曰:"《诗》云:'如切如磋,如琢如磨。'其斯之谓与?"子曰:"赐也,始可与言《诗》已矣,告诸往而知来者。"

（《论语·学而》）

（2）曾子有疾，召门人弟子曰："启予足！启予手！《诗》云：'战战兢兢，如临深渊，如履薄冰。'而今而后，吾知免夫！小子！"（《论语·泰伯》）

第（1）处引《诗经·卫风·淇奥》"如切如磋，如琢如磨"句，指学问修养上的磨砺研修。第（2）处引《诗经·小雅·小旻》"战战兢兢，如临深渊，如履薄冰"句，比喻心怀敬畏，慎思守志，勤勉修身。两处均属断章取义，但均不离原义。所以，"思无邪"即便属于断章取义，也不至于逸出《论语》引诗释义系统太远。

第三，在《驷》这首诗中，"思无邪"与"思无斁""思无期""思无数"属于互文见义的"同例"，字异而义同，表示无边、无已、无算、无数，表示游牧于广阔草原的诗性生活之美，这样才吻合《诗经》重章叠句的体式特点，不至于突兀地冒出"思想不要堕落"之类的意思。因此，与其说孔子断章取义，不如说后人望文生义。

叶嘉莹的老师顾随曾提出一个新观点，他认为"无邪"应该是"不歪曲""正直"，"思无邪"就是"心里是什么就说什么"，即"真实地暴露思想，心口如一"(叶嘉莹笔记《中国古典文心》)。心地单纯，没有遮蔽，才能坦诚而率真地抒发感情。这个观点，与《诗经·鲁颂·駉》的原意，以及俞樾和于省吾的文字学考证，都是相吻合的。

郑浩在《论语集注述要》中也有类似的观点："夫子盖言诗三百篇，无论孝子、忠臣、怨男、愁女，皆由于至情流溢，直写衷曲，毫无伪托虚徐之意，即所谓'诗言志'者，此三百篇之所同也，故曰一言以蔽之。"这里所说的"至情流溢，直写衷曲"，与"心口如一"之说一致。可见，将"思无邪"诠释为率真抒情，也并非完全是一家之言。

还可以佐证顾随观点的是，上海博物馆的战国楚竹书《孔子诗论》第二十九简中，有不少体现了孔子讨论《诗经》所抒怀之情真意切。这里试举其五：

第一简　孔子曰："诗亡隐志，乐亡隐情，文亡隐言。"

第三简　《邦风》，其纳物也，溥观人俗焉，大敛材焉，其言文，其声善。

第十七简　《东方未明》有利辞。《将仲》之言，不可不畏也。《扬之水》其爱妇烈。《采葛》之爱妇……

第二十二简　《宛丘》曰："洵有情，而亡望。"吾善之。

第二十四简　吾以《甘棠》得宗庙之敬，民性固然。甚贵其人，必敬其位；悦其人，必好其所为，恶其人者亦然。

第一简将"志""情""言"并举，表明孔子论诗并非只及道德伦理这一个维度，还主张思想、情感、语言出于一种"亡隐"的纯真状态。第三简所言的《邦风》纳物、"溥观人俗"，指出《诗经》的国风，可以帮助我们广泛地认识当时真实的人性民俗，联系第二十四简所说的人的好恶乃"民性固然"，可见孔子读诗，关切人性民情，而非高高在上的道德说教。"其言文，其声善"，更是从审美角度指出诗因为情感真挚而获得一种文体之美。第十七、第二十二简属于文本点评，《东方未明》因为怨刺，故言辞直率犀利；《将仲》所谓"不可不畏"，既指伦理和礼仪上的人言可畏，应选择合适的求爱方式，又真挚地传达了女子又喜又忧、难于启齿的青春羞涩之情和复杂心境；《扬之水》描写征夫思念妻子，所以爱之深切。第二十二简中，《宛丘》痴迷宗礼上的舞者，所代表的那种"洵有情，而亡望"的心绪，令人想起《蒹葭》和《汉广》的寻寻觅觅，那种情怀美好又怅然若失的深情,明知无望仍一往情深的意境,获得了孔子深挚的理解与同情,故"善之"。

在"思无邪"的诗学解读中,孔子始终将诗学—性情之学紧密相连,尊重人性民情,无论恋情的抒发,还是怨愤的宣泄,以及无望之望的怅惘,都报以理解之同情,并归结为"民性固然"。因此,"思无邪"是以情解诗、以诗解诗,不只是树立道德标杆,更是传达一种平民情怀,是对原初的质朴的人性—诗性的礼赞。

思无邪的诗学原理,对塑造君子人格不无启发:在人生成长、成熟的历程中,不忘初心,保持纯朴品质;待人接物真诚恳切,剔除巧言令色和虚伪奸诈;为人处世坦坦荡荡,光明磊落,培养博大宽广的胸襟气度。

因此,君子在与小人的比较中,更能凸显出正直无私的品格:

"君子周而不比,小人比而不周"(《论语·为政》),君子靠道义相互团结,小人靠利益彼此勾结。

"君子怀德,小人怀土;君子怀刑,小人怀惠"(《论语·里仁》),君子终日所思,是进德修业,小人日思夜想,是求田问舍;君子安分守法,小人唯利是图。

"君子坦荡荡,小人长戚戚"(《论语·述而》),君子俯仰无愧,胸怀宽广,精神舒展,小人患得患失,心量局促,愁眉不展。

"君子之德风,小人之德草。草上之风,必偃"(《论语·颜渊》),君子(君王)的美德像风一样,吹拂化育,泽惠他人,小人(百姓)的德性像草一样,随风起伏,受人影响。

"君子和而不同,小人同而不和"(《论语·子路》),君子善于在不同意见中取长补短,达成和谐一致的共识,如五味调和、五音配合,小人只会盲目迎合,唯唯诺诺,不能提出自己的真知灼见,如乏味的食物和单调的声音。

"君子泰而不骄,小人骄而不泰"(《论语·子路》),君子心平气和,小人盛气凌人。

"君子求诸己,小人求诸人"(《论语·卫灵公》),君子善于反省自己,但求问心无愧,小人喜欢将责任推给别人,习惯于怨天尤人。

(该节内容曾以"论'思无邪'的审美维度"为题发表于《孔子研究》2015年第3期,有删改)

1.3　见贤思齐

君子挺立于天地之间,坦荡真诚,质朴无私,独立不移,成为百姓道德实践的楷模。而君子自身也并非完人,他们依然有"任重而道远"的道德进修之路,因而也有自己的精神偶像,他们找到古代圣君作为人格范型,追求更加高尚、更加完美的道德境界。在孔子的心目中,尧、舜、禹、汤、文、武、周公,才是自己追慕的对象,他们兴建礼乐之邦,具有仁爱胸怀,勤政爱民,公而忘私,正是自己梦寐以求的圣人风范。

孔子怀揣这样的梦想,念兹在兹,朝着古代圣贤的目标进发,将圣贤美德与自己的精神价值追求融为一体,化作自己的心灵自觉,又将这样的心灵觉悟,外化为道德实践的具体行为。甚至,他将自己的品行从身上剥离出来,成为另一个被审视的自我,又仿佛自己的双眼处于身外的空明之境,可以随时俯察和拷问自己的道德和灵魂,从而发现自己与古圣先贤之间的距离,励志精进,实现君子人格的自我完善。

子曰:"见贤思齐焉,见不贤而内自省也。"(《论语·里仁》)这句话并不深奥费解,看见贤人的美德就向他看齐,希望获得同样的美德,看见不贤之人的道德瑕疵就反躬自省,审察自己有无同类问题。朱熹在《四书章句集注》里有类似的注解:"思齐者,冀己亦有是善;内自省者,恐己亦有是恶。"《论语·季氏》说"见善如不及,见不善如探

汤"，也与此义相近。看见美德只怕自己赶不上这样的境界，如同看见自己喜欢的美味佳肴，担心自己吃不到；而看见邪恶，却如同手碰沸水，唯恐避之不及。在日常生活的审美中，人们崇善疾恶、扬美抑丑，似乎是一种本能：定制衣服希望找个高明的裁缝，品尝美味希望掌勺的是高级庖厨，生病时希望良医坐诊，看戏时希望名角登场，拜师学艺时希望宗师指点……在人的天性中，早已蕴含着对精良、美好、善意的神往，对贤才美德的钦敬赞叹，《论语》只不过是将人的向善爱美之心，昭示出来而已。关于"见不善如探汤"，另有一说，"汤"指"汤药"，看见邪恶，唯恐其染恶渐深，来不及救治，故援"汤药"以治。面对道德修炼，儒家士子向来抱着"战战兢兢，如临深渊，如履薄冰"的审慎态度，荀子曾以蒙鸠将鸟巢系在芦苇的花穗上遇风而坠、白沙混进黑泥后无法重新变白、兰槐的香草之根一旦泡在臭水里人们就会掩鼻而逃等比喻，形容进德修业丝毫不能懈怠。

在对《论语》版本的比较中，古本"不贤"之下有"者"字。而学者们考证，因为"贤"下无"者"，"不贤"之下也不应该有"者"字，即使有也是多余的衍文。受此启发，"见贤思齐"的意思是，看见古圣先贤的美德，仰慕不已，希望自己也美德如斯；

看见"不贤",即不尊古圣先贤、违背古圣先贤而引发的不道德现象,就要反省自己有无因不尊不敬而带来的不良念头。因为,君子始终将古圣先贤作为自己人生的标杆,对他们的美德仰之弥高,终身奉行。正如子贡所说,他家的围墙只有肩膀般高,谁都可以看见房屋的美好。"夫子之墙数仞,不得其门而入"(《论语·子张》),而老师的围墙高达数丈,人们因为进不去,就看不见宗庙的伟丽,房舍的华彩。别人的贤能好比山丘可以超越,老师的贤能犹如青天不可拾阶而上,犹如日月无法超越。

1.4　见利思义

虽然在《论语》中,孔子以"罕言利"著称,很少提及利益追求,但并不意味着孔子是一个视金钱如粪土、不食人间烟火的禁欲主义者。若用现代术语形容,他更像一位"开明绅士"。他开宗明义地指出:"富与贵,是人之所欲也。"(《论语·里仁》)趋利避害、向往财富和地位,是人的本性。人适度地追求物质财富和生活享受,属于生存的正常需求,无可厚非。甚至对"舌尖上"的要求高一点,希望"食不厌精,脍不厌细",也在情理之中。而且孔子还在许多场合公开肯定追求利益的正当

性和合理性,尤其是在国家稳定、有邦有道的背景下追求财富和分享利益,不仅能够改善个人生活,也有利于社会繁荣。"富而可求也,虽执鞭之士,吾亦为之",如果财富是"可求"的,是合法收入,是取之有道,那么,就是担任执鞭赶车的低贱职位,我也心甘情愿。其意表明,只要追求财富合乎道义,是无损于道德品行的,就应该争取,而且还应该积极争取。"邦有道,贫且贱焉,耻也",在国家稳定进步的格局中,固守贫穷落后卑微并不光彩。不过,孔子也不主张为了财富而去片面地追求财富,他认为"君子谋道不谋食。耕也,馁在其中矣;学也,禄在其中矣。君子忧道不忧贫",只要能够真正地提升自我的学识修养和能力水平,领悟到人生至理,富贵不求自来,这或许就是后世所谓"书中自有千钟粟""书中自有黄金屋"吧。

在这个问题上,孔子心中有一把"道义"的尺子,"富与贵,是人之所欲也。不以其道得之,不处也;贫与贱,是人之所恶也,不以其道得之,不去也"。是争取富贵,还是安贫乐道,要看这个富贵符不符合道义,关键要做到生财有道,"君子爱财,取之有道"。面对金钱、权位,人们首先应该遵循道义法则,然后再去争取属于自己的利益。"仁者先难而后获,可谓仁矣",一分耕耘一分收获,经过艰辛努力,在充实的生活中获得财富,才能心安理得。"饭疏食饮水,曲肱而枕之,乐亦在其中矣。不义而富且贵,于我如浮云。"在孔子看来,虽然追求功名利禄属于人的正常欲望,但"曲肱而枕之",弯起胳臂悠然枕之所带来的仰望苍穹、叩问人生的精神快乐,给人以乐在其中、心神俱醉的美感。孔子之所以乐在其中,并不是疏食饮水本身能提供某种特殊的快乐,而是指一个人的快乐真正来源于道德和精神上的自足。当人沉浸在精神的充裕富有之中时,对身外之物就会淡然忘怀,对粗茶淡饭满不在乎,对泼天富贵也不遑顾及。周敦颐对君子的"富贵"另有一说:"君子以道充为贵,身安为富,故常泰无不足。"在精神之乡里曲肱枕之、追慕道义、自足快乐的君子,自动远离不义之举。在他们看来,如果避免贫困有可能违背道德标准和精神价值,那么他们宁可安守清贫的生活而不改其乐。因为在"精神富翁"的眼里,靠不择手段捞取的荣华富贵,不过是随风而逝的浮云幻影。

正是从道义出发,孔子的致富理念,跳出了个人私利的局限性,扩展为富民强国的博大胸怀:"百姓足,君孰与不足? 百姓不足,君孰足?"在位的王公大臣,应该为黎民百姓谋福利,不能为了一己之私而与民争利。"苟子之不欲,虽赏之不窃",

如果在上者不过度贪婪,在下的臣民即便受到奖励也不会偷窃;反之,如果将唯利是图作为人生最高原则,"放于利而行,多怨",将会招致名利场上的恶性竞争和别人的怀恨。可见,孔子的经济价值观,或称财富观,在本质上是坚持"见利思义""见得思义",以义为先的。

在义与利的关系处理上,孔子还指出,"君子喻于义,小人喻于利"。虽然求财致富属于人生发展的题中之义,但更可贵的是人的精神操守和高洁志向,在鱼与熊掌不可兼得的时候,更倾向于精神价值超越物质欲望之后所获得的心灵愉悦。所以,孔子认为"士志于道,而耻恶衣恶食者,未足与议也",他嘉许子路"衣敝袍,与衣狐貉者立而不耻"的良好心态。相比于"求道"这样高尚的精神追求,衣食这些物质需求固然是必要的,但终归是次要的。孔子率一批学生厄于陈蔡之时,"在陈绝粮,从者病,莫能兴",但孔子仍然弦歌不辍。"君子固穷,小人穷斯滥矣"这句话,就是在如此的背景下说出来的。这里的"穷",不是贫穷,是人生山穷水尽的困厄,当然也包括困厄中的饥寒交迫。但在如此困境中,君子仍然"穷且益坚,不坠青云之志",固守自己的初心,如果换作小人,可能就放任自流、胡作非为了。也有学者提出,"滥"是"愠"

字之误,遇到挫折,小人早就恼恨焦灼,心气难平了。所以,孔子特别欣赏颜回"一箪食,一瓢饮,在陋巷,人不堪其忧,回也不改其乐"的君子气节。

北宋"二程"师从周敦颐时曾被要求"寻孔颜乐处,所乐何事"。"二程"给出的答案是,孔颜乐处的"乐",是"敬须和乐""心中没事"(《河南程氏遗书·二先生语》)。这里的快乐,不是为了某个特定对象而萌发的短暂喜悦,而是"心中没事"的真诚坦然的快乐。没有私利人欲的困扰和心机狡诈的负累,只是因为"识得此理"(程颢《识仁篇》),即认识天理本体之后,自自然然地循理而行,纯粹处于一种自然的状态,因而获得一种恒久的、由衷的平和与快乐。概言之,孔颜乐处,指孔子、颜回不慕浮华、安贫乐道、质朴好学、宁静愉悦的人生境界。在今天,当然不需要再经历"一箪食,一瓢饮"的清苦生活,但在丰富奢华的物质世界中,如果仍能见利思义,超越物质欲望,保持独立的精神品格,追求高雅的文化情趣,矢志问"道"求"仁",那么,孔颜乐处,其乐无穷。

1.5 不忧,不惑,不惧

《论语》的《子罕》和《宪问》,都提到"仁者不忧,知者不惑,勇者不惧",足见对君子三要素的重

视。不忧、不惑、不惧，分别从道德、智慧、意志品质层面，构成了君子人格的三原色。所以《礼记·中庸》说，"知、仁、勇，天下之达德也"。

《论语》在阐述这三种素质时，两个篇章调换了先后顺序，《子罕》以"知者不惑"为先，《宪问》以"仁者不忧"为首。关于改变排序的解释，朱熹《四书章句集注》引用了尹氏的观点："成德以仁为先，进学以知为先。"就道德修养而言，应当"以仁为先"，所以荀悦《申鉴·杂言下》说："君子乐天知命，故不忧；审物明辨，故不惑；定心致公，故不惧。"就学习认知循序渐进而言，先要识事明理，朱熹自己就认为："明足以烛理，故不惑；理足以胜私，故不忧；气足以配道义，故不惧。此学之序也。"只有认识到"天理—人性""天道—人心"的本质是纯粹至善，人才能挣脱私欲的束缚，抵达天理敞亮、心无私念、嘈杂的"无忧"境界。

在仁者不忧、知者不惑、勇者不惧这三者的关系中，孔子强调"择不处仁，焉得知"，紧接着又说"仁者安仁，知者利仁"（《论语·里仁》），比较而言，"仁"比"知"更具有本体的基质的地位；"仁者"比起"知者"来，也更能显出一种宠辱不惊的笃定姿态。至于"仁"与"勇"的关系，孔子则认为，"仁者必有勇，勇者不必有仁"（《论语·宪问》），"仁者"在追求至善理想的历程中,必然会生出坚守道德正义的勇气。亚里士多德认为勇气这种美德,介于怯懦和鲁莽之间。孔子也有类似的看法,认为"勇"只有置放于"仁"的引导和规范之下,才能发挥它捍卫善德的作用,而不至于"过犹不及",鲁莽添乱。因此,孔子为史鱼犯颜死谏而点赞,却提醒子路那暴虎冯河匹夫之勇的性格需要三思而行。孔子多次提到"勇而无礼则乱",不能让勇气变成横冲直撞的脱缰野马,"好勇不好学,其弊也乱""君子好勇而无义为乱",勇气应该在学习仁义礼智中,将可能作乱的魔性转化为善性,转化为一种坚毅的意志品格,转化为一种守护美德无惧挑战的正能量。毋庸置疑,在三者关系中,"仁者不忧"是核心和枢纽。

《朱子语类》曾记录朱熹与学生讨论《论语》的场景。弟子蔡行夫曾经追问,"知者不惑"和"勇者不惧"都容易理会,唯独"仁者不忧",须进一步思量。"仁者如何会不忧?"这个问题,当年司马牛也曾问过孔子,孔子的答案是:"内省不疚,夫何忧何惧?"君子审视自己的道德人格,正心修身,隔绝私欲,趋于至善,俯仰无愧,所以无忧。此处之"忧",是指为了生存,对物质、情感、命运之忧,是常人之忧、世俗之忧。世俗之忧,正是君子要忘怀的忧。

君子一直要摆脱这生存之忧对理想境界的困扰，对美德的损害，只怕它妨碍了自己对天道的体悟和冥思中的精神沉醉和心灵欢悦。同时，又"不患人之不己知，患其不能也"，担心自身因学识修养和智力水平所限，与天地之道、人生至理擦肩而过。这样的心理纠结，又构成了君子与世俗、君子与天道、天道与世俗之间的紧张关系。这种紧张显示出君子在疏离世俗之忧的过程中，又衍生出渴望超越生存、以心问道的君子之忧。君子在"超越—叩问"的沉思中，是要将自己的精神世界提升和超拔到一个更高更远的层面，通过浸润于一个理想境界，来获得对求道之路漫长与艰辛的淡忘。《论语·述而》记载了孔子对自己人生境界的告白："其为人也，发愤忘食，乐而忘忧，不知老之将至云尔。"李义天将这段话解读为：孔子求学问道，全身心投入，根本没有时间和精力计较起居饮食等物质条件，达到了废寝忘食的程度，甚至忘记了"老之将至"，忘记了死亡的步步逼近。尽管身体上的衰老依旧会降临，但君子却浑然忘怀。这是由于精神境界的拔高，使人乐天知命，乐以忘忧，冲淡了对"物"与"我"的逝去的恐惧。(《仁者不忧：美学伦理视野中的儒学问题》)

孔子发愤忘食所孜孜以求的，是人格、理想尽善尽美的极致境界——"仁"的境界。这样一种道德圆满自足的纯粹至善境界,是参悟到了天道—人心、天理—人性的本质之后所实现的"天地合德"。如同佛学的觉悟境界,了知缘起性空,无常寂灭,则一切"心无挂碍"。所以,朱熹对韩愈《原道》中的第一句"博爱之谓仁"提出质疑,认为爱只是"仁"的一种表现,而不是"仁"的形而上的本性。只有认知了"仁"的本性,才能像孟子所说,"万物皆备于我",我对天下万物的至善至理已经通达明澈,建立起完整的信仰—价值体系,对天下万物就不再有困惑。英国的 Arthur Waley 翻译的《论语》"不惑",常被人作为经典句式引用:"I no longer suffered from perplexities."虽然,perplexities 一般与"困惑"通译,但 no longer 作为"不再"的固定词组,那种永不重来的含义,自然使人联想到禅宗的顿悟,一切彻悟,再无疑虑。从此,生命不再被物化,人生不会再沉沦。

李义天曾将"仁者不忧"的道德进阶,描述为由"非仁者之忧"到"仁者之不忧"再到"仁者之忧"的历经扬弃的曲线轨迹(《仁者不忧:美学伦理视野中的儒学问题》),其中"非仁者之忧"即我们所说的"世俗之忧","仁者之不忧"是仁者对世俗之忧的超越,而"仁者之忧"则是仁者作为经验世界

中的有限行为者,在向更高精神境界攀升的过程中所遭遇的新矛盾和新困惑,这样的心灵之忧表明:修道者永远在路上。而我们认为,李义天所说的"仁者之不忧"其实是"君子忘忧","仁者之忧"对应我们说的"君子之忧",而真正的"仁者无忧",应该是一个更高的哲理层境。到了"仁者"的层次,就像朱熹的"格物致知"到了"豁然开朗"的时候,一切都了无挂碍。

因此,朱熹对弟子蔡行夫的问题,所给出的答案是"仁者心便是理,看有甚事来,便有道理应他","有一事来,便有一理以应之,所以无忧"。当你求学问道突破重重困境而抵达化境,从"世俗之忧—君子忘忧—君子之忧—仁者无忧"一路走来,一旦跃升到"仁"的层次,也就自然心处"无忧"的境界了。

行文至此,读者容易将"仁者无忧"误读为重心灵轻物质、重冥思轻实践、重理想轻现实的玄学讨论。其实,孔子所追求的君子人格,从来没有放弃过"三畏""四教""五用""九思"等具体道德实践,而且以"不仕无义"的姿态,积极参与到现实人生之中。所谓"仁者无忧",是儒家学者为世人提供的一种更加恢宏高远的生活意义及其所对应的精神世界,以指引实践者调整他们在世俗生活中的人生坐标和行为重心。当然,调整中的种种努力,还是为了不断趋向那个"仁者"的至善之境。

《论语》中"仁者不忧"之说,是君子内化于心的对道德至善境界的追求。因此,"仁者不忧,知者不惑,勇者不惧"便是君子人格不可或缺的三种品行:理想、智慧和勇气。

1.6 敏于事而慎于言

孔子曾多次提及君子"言""行"的关系:"君子食无求饱,居无求安,敏于事而慎于言,就有道而正焉,可谓好学也已。"(《论语·学而》)又说:"君子欲讷于言而敏于行。"(《论语·里仁》)在一般的理解中,"敏于事而慎于言"指"慎言力行"或"行胜于言",而焦循《论语补疏》将"敏"解释为"审",审慎,这句话也可以表述为谨言慎行。

最具代表性的事件,是《孔子家语·观周》和《说苑·敬慎》共同记载的,孔子在周始祖后稷的庙内,读到了《金人铭》:"无多言,多言多败;无多事,多事多患。"他认为这句话切实中肯,告诫弟子们要铭记此言,为人处世应当如履薄冰。

古典文献中,"谨言慎行"也几乎成为一条古训。甲骨文里即有"疾言,唯害"(郭沫若《甲骨文合集》)的记载。《诗经·大雅·抑》中有句名言

"白圭之玷,尚可磨也;斯言之玷,不可为也":白玉上的斑点,还可以磨去;言语上的过错,却无法改变和追悔。《周易·坤卦》以"括囊"——系紧口袋的意象,形容人三缄其口的"慎言"情形。孔子洛阳问礼时,老子在临别赠言里告诉他,逞才炫己,哗众取宠,妄议他人和揭人之短,将危及自身。(《史记·孔子世家》)孔子自己也认为,言行是君子一生的"枢机",是决定人生荣辱的关键,"言行,君子之所以动天地也"(《周易·系辞上》),因此,不能不慎重。

将"慎言"的理念推向极致的,恐怕是上海博物馆藏战国楚竹书(简称上博简)《诗论》第二十八简的说法了。此简是对《诗经·鄘风·墙有茨》的解读,用了"慎密而不知言"的评语。照理说,"中冓之言,不可道也",夫妻之间的枕边话,是绝对私密的,不足为外人道也。但即使是墙上布满蒺藜,具有缜密的阻隔作用,在如此缜密防范之中的宫闱私语,也未必绝对保险,谁也无法保证它永远不会泄露。所以,清儒方玉润认为《墙有茨》篇,是在提醒人们"虽闺中之言,亦无隐而不彰也"。

这样的要求就有点苛刻和可怕了,让人感到一种人心唯危、噤若寒蝉的意味。其实,"中冓之言,不可道也"应该有两层含义:一是夫妻之间关于爱情的甜言蜜语，那是属于枕边的私房话，是对外人羞于启齿的话，不能随便传播其中"不雅"的内容；二是夫妻之间对人对事的议论，也不能担保任何时候都不会隔墙有耳，以及自己不会不小心脱口而出。因此要言所当言，而不能放言妄语。

而且，孔子也不是一味地要求人沉默寡言，他主张必要的时候挺身而出，秉正直谏，敢于发声，针对季氏"八佾舞于庭"的僭越行为，他明确表态："是可忍也，孰不可忍也。"他毫不隐晦地表达自己对"乡愿"那样随声附和的好好先生的厌憎，而认为"切切偲偲"，相互之间切磋批评，才是真朋友。孔子还主张要根据对象、时机、场合说话。跟下大夫说话，"侃侃如也"，可以挥洒自如；和上大夫交流，"訚訚如也"（《论语·乡党》），必须端庄恭敬。该说的时候不说，是"失人"，不该说的时候说，是"失言"，而智者是既"不失人"，也"不失言"。适逢其时说的话，才能达到"时然后言，人不厌其言"的理想效果。言说方式的灵动变化，折射出孔子不仅是一位"慎言者"，更是一位"善言者"。这还表现在孔子对语言的优雅精致方面也有较高的要求，"不学诗，无以言"（《论语·季氏》），"言之无文，行而不远"（《左传·襄公二十五年》）。《论语》所收录的大部分内容，就是孔子言简意赅、哲理隽

永的言说典范。

我们考察孔子对君子言行的要求,尤其是对语言的约束,不妨跳出"慎言"的圈子,而将其置于孔子整体的语言观中,则更能彰显孔子言说的意义。

就语言功能层面而言,孔子一直主张"辞达而已""夫人不言,言必有中",认为言语的主要功能是表情达意,"辞达"的本意,就是靠"少而精"的努力,提升语言的整体质量,精准、透彻、妥帖地表达内心的真实世界。所以,孔子正面以"刚毅木讷,近仁"为价值引导,反面以"巧言令色,鲜矣仁"为批评对象,认为质朴沉静趋近于纯粹至善的本性,而花言巧语、媚态取容、巧饰虚伪,背离了心中的诚意,与仁心美德越行越远。这令人自然联想到老子所说的"信言不美,美言不信"。

就语言文化层面而言,孔子始终认为,任何语言活动,都是一个人文化涵养、精神境界和人格力量的折射。只言片语,都是君子风范的具体而微的细节呈现。从某种角度上说,君子的言行又不完全是一种个体行为,而是道德修养、精神气质的外显,是整个伦理社会为人处世的范本,君子"言而世为天下则"(《礼记·中庸》),他们的言语形态,就不再是一种完全"自由"的形态,而是作为

"天下则"的一种"规范",所以要"非礼勿言,非礼勿动"(《论语·颜渊》)。

就语言哲学层面而言,子曰:"天何言哉?四时行焉,百物生焉,天何言哉?"(《论语·阳货》)面对浩渺苍茫的天地,恢廓深邃的大道,语言的力量似乎苍白无力。人的有限的认知,相较于无限无穷的大千世界和微妙复杂的精神之境,不过是凤凰一羽、沧海一粟,而有限的语言,要言说这更高更远更为神秘的"道"的境界,则显得力不从心,即便是海德格尔所说的诗意的言说方式,也不过是人类对大道之境的戏仿。人类有限的言说,难以完全涵括缥缈幽玄的道的境界。人只能在慨叹"天道—人心"只可意会、不可言传的同时,沉醉在对道境"大美无言"的体验中。诚然,君子出于人间情怀,自然会对现世人生关切仁爱,但其求学问道的使命,又注定不会满足于对日常生活衣食住行的审美,必然要在"敏于事而慎于言"的努力中,叩问和追寻天地之道与人性至善。

1.7 文质彬彬

一提起"文质彬彬",大家的头脑中会出现一个温文尔雅的书生形象。美国学者顾立雅博士认为,Confucians 这个向来翻译为儒者或儒生的词,

在西方文化的认知惯例中,等同于"懦弱者",他们靠仁慈的德性生存,而不是凭着鹰隼般的力量竞争。而中国的学者,则更多地联想到《诗经·秦风·小戎》里的那句话,"言念君子,温其如玉",有一种温雅、谦和、文静的气质。在现代充满竞争的社会里,在某些人的目光中,这样的书生类型,理应扫入"多余人"的行列。

显然,这不是《论语》中"文质彬彬"的本义。

《论语·雍也》关于"文质彬彬"的定义,有这样一番话:

质胜文则野,文胜质则史。文质彬彬,然后君子。

质:质朴。文:文雅。野:粗鄙。史:浮夸,如古代书记员的文笔那样华而不实。彬彬:文、质中和兼容状。余英时说,人如果仅仅依其朴实的本性而行,虽然也好,但未经文化教养终不免流于"粗野"。相反地,如果一个人的文化雕琢掩盖了他的朴实本性,那又会流于浮华。这样的理解比较符合《论语》的原意。

关于这句话,还有以下诸种观点:(1)言谈举止质朴与优雅两全其美;(2)有价值的内涵与优美的形式相得益彰；(3)内在符合"仁"，外在追求"礼"，文质彬彬就是仁礼兼修；(4)儒生写作中引用民间俗语为野，沿袭陈词滥调为史；(5)服饰文化的正色与间色、佩玉与组绶相配，如佩玉发出的清和之音；(6)人品有德又有趣；(7)君子的天性与文明，达到一种适宜的"平衡态"，所呈现出来的精神气象。

《礼记·表记》有段文字可以与此互相阐发：

> 子曰："虞、夏之质，殷、周之文，至矣。虞、夏之文，不胜其质；殷、周之质，不胜其文。"

虞、夏之质，与殷、周之文，既比较完备又各具特色，不能厚此薄彼，但从历史的发展轨迹考察，由虞、夏入殷、周，是一个由质、野向文、雅过度的进程。《周易·贲卦》的象传说："刚柔交错，天文也；文明以止，人文也。观乎天文，以察时变；观乎人文，以化成天下。"郑玄为它作注说，天上的日月星辰，是大自然的美丽文采；人的穿着修饰、言谈举止，是人类的礼义文明。观察大自然的美丽文采，了解四季变迁；观察人类的文明修饰，可以教化天下。

法国汉学家谢和耐指出,化成天下的"化",其古字是"七",《说文》解释为"变"。"化"作为变化,对应的宇宙之道就是发展变化,对应的人伦之道就是感化教化,这已经非常符合"文化"一语的现代含义:文化即文明教化。人文化成、以文化人的根本内涵,就是使原始、野蛮、粗鲁的人,在文化的熏陶和培育下,变化、成长为文明、高尚、优雅的人,使蒙昧者质变为文明人的动态过程。

因此,"文质彬彬"所昭示的,就是"野人"在文明教化之下向善向美,质变、进化为"君子"的美好形象。

在这由"野"入"雅"的文明演替中,君子的纯朴善性的本质始终不变。黄寿祺阐释《周易·贲卦》时认为,六四"白马"向往淡美,六五饰于"丘园"但求简朴,上九终返"素白"归趣本真,可见以素朴自然为美。(《周易译注》)这也就解释了为什么后世在文化进步之后,仍然追思和守望虞舜时代的质朴恳挚、君民同乐。与此相应的是,"贲卦"虽然讲究文饰,但不尚华艳,更不追求佻达、轻薄、妖冶、浓丽,而是追求一种清新脱俗和优雅精致,代表着君子在"文质彬彬"的成长过程中,仍不忘初心,达到天性与文明的互补互融。

回到开头的话题,我们重新审视古代文质彬

彬的君子是否是指文弱书生的问题。《诗经》里有两首诗，分别叫《郑风·叔于田》和《齐风·卢令》，写的都是狩猎情景，其中"洵美且仁"和"其人美且仁"表明，君子"仁"的品格与男子气概或健壮相关联。这与史华兹的说法相似，拉丁文中的名词 vir 指男子、丈夫，派生出拉丁文 virtus，意指成年、精力充沛，继而派生出英文的 virtue，含有道德、美德的意义。（《古代中国的思想世界》）可见，具有仁德的君子，裹挟着男子汉的气质，"不降其志，不辱其身"（《论语·微子》），要做一个无忧无惧、精神挺拔的志士仁人。而一直以来求学问道的文化涵养，又赋予君子以聪明灵秀的特质，在君子挺拔倔强的个性中注入了儒雅的气质。

文质彬彬，在《论语》中指"仁者＋智者"的君子品格，又怎能曲解为一个文绉绉的书生形象呢？

2 以和为贵的礼乐文化

史书记载,当年周公"制礼作乐""天下大服"。(《逸周书》)制礼作乐的目的是教导人民成为礼乐兼备的君子。

礼、乐,如阴、阳二气,相辅相成,"礼非乐不行,乐非礼不举"。根据章太炎的界定,"礼者,法度之通名,大别则官制、刑法、仪式是也"(《检论》)。"礼",主要包括体现尊卑次序的百官制度,体现法律法规的刑法制度,在朝会、祭祀等大典中遵循的礼仪制度,以及日常生活中道德行为的规范要求,等等。"乐",是乐器、诗歌、舞蹈三位一体的音乐艺术的总称。在礼仪的盛典上,庄敬之礼总是与典雅之乐相伴。

相比而言,礼是理性认知,程颐说"礼即是理也",属于外在的礼仪要求和行为规范,是一种制度规矩的约束,它像秋天般沉静;乐是感性体验,属于内在的情感价值的认同,是一种发自内心的自觉接纳,它是一种如明媚春天般的"和"的力量,更容易激起情感共鸣。礼乐互动,情理相融。

《礼记·乐记》说,"乐由天作,礼以地制","乐者,天地之和也;礼者,天地之序也"。天的运行是和合阴阳,化生万物;地的形状是高低有别,尊卑有序。所以,礼所确立的,是社会阶层的贵贱等级,而乐所呈现的,是众音归于平衡、内心归于静悦、君臣父子归于敦睦、国家万民归于同心的和谐气象。

"发乎情,止乎礼义。"礼乐文化,就是通过外在的约束机制和内在的情感认同所实现的文明教化。

2.1 不知礼,无以立

孔子幼年"嬉戏"的主要内容,是"常陈俎豆,设礼容"(《史记·孔子世家》),经常端上"俎豆"之类的礼器,操练正规的礼仪。孔子成年后,曾到洛阳"问礼于老子",询问了关于日食祭礼等疑难礼仪。(李长之《孔子的故事》)由儿时习礼和洛阳问礼可知,孔子从小到大,一生拟定的学习目标是"礼",心中一直纠结的问题也是"礼"。

《论语·为政》说:"道之以德,齐之以礼,有耻且格。"将德、礼并置讨论,表明"礼"的修行与"德"

的修养密不可分。

关于"德"字的本意，郭沫若认为："德字照字面上看来是从徝（古直字）从心，意思是把心思放端正，便是《大学》上所说的'欲修其身者先正其心'。"（《先秦天道观之进展》）德是正心修身之意。许慎《说文解字》解释"德"字的造型："惪，外得于人，内得于己也。"照理说，应该是先"内得于己"，在内心培植正直的做人准则，加强心性修养，指导和约束个人行为，以求达到"外得于人"——受人尊重的要求。但这里的顺序是先"外得于人"再"内得于己"，对他人诚正无欺，坦荡磊落；在内心固守善念，俯仰无愧。从这一含义考察，"外—内"的排列顺序，也未必就是一种先后序列，完全可能是一种并置联动的关系。所以，"道（导）之以德"，无论心内身外，都是祛邪归正，以正心修身为引导。

而礼，起源于祭祀活动中"事神致福"的心理动因，王国维认为礼字"从豊"，而"豊"又"从豆"，"豆"指行礼所用的玉器（《观堂集林·释礼》）；而郭沫若指出，"豊"字"从壴"，"壴"是祭祀活动的另一法器土鼓，远古祭祀多以敲击土鼓敬奉神灵。其实，无论将"礼"解读为玉器还是土鼓，都与虔诚敬仰有关。这样的毕恭毕敬，表现为"战战兢兢，如临深渊，如履薄冰"（《诗经·小雅·小旻》）的凝重姿态，这是对外在神秘意志和内心道德律令的双重敬畏，徐复观先生称之为"忧患意识"。所以，"齐之以礼"，是以敬畏之心来约束自己的行为；心怀敬意，是一切行为符合礼仪规范的思想根基。以"敬慎"的态度对待天地万物，是礼的本质内涵。

为人处世恭敬慎重，就会受人尊重，而不会招致耻辱，所谓"恭近于礼，远耻辱也"。人对照自己的正直之心，那颗纯粹至善的初心，对照敬奉天地神灵的具体要求，就会对完善的美德心向往之，对不义之举抱有一种羞愧之心，滋生一种耻辱感。从这个意义上说，"德"和"礼"，是具有本源意义的、从人的自身所汲取到的精神力量。"有耻且格"的"格"，历来有"正""革""恪""至"四种解读。何晏《论语注疏》中说，"格，正也"，孔颖达补充为"格其非妄之心，心有妄作则格正之"。"格"又与"革"同音，有洗心革面之意。而汉代《祝睦碑》直接将"有耻且格"写成"有耻且恪"，《汉书·货殖传》则表述为"道之以德，齐之以礼，故民有耻而且敬"，在《尔雅·释诂》中，就有"恪，敬也"一说。而按《说文解字》所定义的"格"的本义，是"木长儿"，即树木的长枝条。《说文解字》说："引申之长必有所至。"长枝条，必然有伸展、抵达的趋上倾向，所

以训"格"为"至"，属于长枝条的引申义。举《尚书》为例，就有"格于艺祖（始祖）""格于皇天"的说法，含有趋同于圣贤君王的意思。至、来同义，"格者，至也"，指内心认同而归依于善念，即朱熹所说的"耻于不善而至于善"。所以，"齐之以礼"，将人的道德行为纳入一个规范的框架之中的时候，是"有耻且格"，伴随着羞耻心，是善心善念的萌发生长。就像锄去杂草，修剪枯枝，让"良木""善枝"茁壮成长。许多学者根据《礼记·缁衣》的对举句式"夫民，教之以德，齐之以礼，则民有格心；教之以政，齐之以刑，则民有遁心"，认为"格"与"遁"相对，既然"遁"是遁逃、逃避，那么，"格"就是归顺、归服。但在上下文语境中，"遁"有畏避之意，所以，"格"乃亲善之意。"有耻且格"，是由羞耻心所激发出来的向上趋同、向礼趋近的价值追求。

在《论语·八佾》里，还有这样一段记载：

子夏问曰："'巧笑倩兮，美目盼兮，素以为绚兮。'何谓也？"子曰："绘事后素。"

曰："礼后乎？"子曰："起予者商也！始可与言《诗》已矣。"

师生的讨论，是从《诗经·卫风·硕人》中描写齐国美女庄姜初嫁卫庄公时的仪容开始的，庄姜美貌之"惊艳"，不仅具有"手如柔荑，肤如凝脂"的静态之美，而且具有"巧笑倩兮，美目盼兮"的灵动之美，笑靥如花，顾盼生辉。《论语》的这段话，难点在两个地方，即"素以为绚"和"绘事后素"。对这两句话，历来也有两种理解。第一种理解是"二程"弟子杨时的观点，认为庄姜"巧笑美目，是素地也"，"由此而后加粉黛簪珥衣裳之饰"，犹如绘画之绚烂多彩。庄姜属于天生丽质，属于天然的本色的美，有了这样的美的基质，再配以适当的装饰，就能焕发出别样的神采，这就是"素以为绚"。而"绘事后素"指"绘事后于素"，在白粉底色上才能涂抹各种色彩，子夏悟到的"礼后"，就是在"忠信"的品质基础上树立"礼"的文明规范，如同在素白的底色上绘画五彩一样。第二种理解是邢昺为《论语》注疏时所提出的观点，根据"绘画之事后素工"（《考工记》）的规律，即绘画填色之后，用白粉勾边，彩色部分就显得整齐绚丽，颜色感一下子就彰显出来了（张祥龙《孔子的现象学阐释九讲》），在这里，"素以为绚"其实是"以素为绚"，最后一道工序是勾白边，一旦勾出了白边，整幅图画就完成了，就绚然生彩，顿然生色。而"礼后"，就

像"绘事后素",绘画最后勾白边一样,仁义智信如果有了"礼"的加入,忽然之间就平添了丰富的内涵,而且也有了一种形式感,人的一切品质都好像被"礼"所照亮,于是变得美好而绚烂。回到庄姜身上,天然的美丽,精致的容颜,一旦有了端庄持礼的涵养,立即焕发出仪态万方光彩照人的优雅气质。

2.2 君使臣以礼,臣事君以忠

朱熹说,君臣之义不可废。君臣关系是社会伦理秩序的根基和范本,直接影响到社会其他伦理关系的基本架构,因此,建立"君君,臣臣,父父,子子"(《论语·颜渊》)这样一种上下等次的伦理序列,便于共同遵守,是非常必要的。孔子自己一入朝门,就放低身段,恭肃谨慎。他经过国君座位,"色勃如也,足躩如也"(《论语·乡党》),面色端庄,脚步加快;"摄齐升堂",提起下摆登上殿堂的时候,更是鞠躬示敬,屏声敛息。在孔子的伦理观中,作为臣子,忠心耿耿地尊重君王,是毋庸置疑的。

但是忠于君王又不等于盲从式的愚忠和乡愿式的退避。一方面,人生应当有所作为,"不仕无义",应该为君王出力并成就自己;另一方面,孔子又认为"邦有道,则仕;邦无道,则可卷而怀之""以道事君,不可则止""君子之仕也,行其义也"。这与荀子所说的"从道不从君"是一个道理,所以,"仕必合义",忠心必须符合道义。后代儒家学者甚至认为,君臣之间是以"义"作为合作共事的缘分的基础,如果不能志同道合,臣子就可以离开。离开,也是尽"君臣之礼",而不是破坏君臣关系。(吕留良《四书讲义》)君王无道,臣子可以直谏,"以吾从大夫之后,不敢不告也",直谏不听可以离开;万一遇到暴虐的君王,也可以像商汤放桀、武王伐纣那样,诛杀独夫民贼,孟子认为这不算"弑君",而是为民除害。

由此可见,君臣之间的关系,也不是一味地要求臣子对君王的恭敬和服从,即便是"君君臣臣"的礼仪要求,也并非单向度地要求大臣唯君王是从,以至于失去自我,而是要求君像君,臣像臣,君臣各守本分,双方行为均有相应的规范。所以,《论语·八佾》载鲁定公问孔子:"君使臣,臣事君,如之何?"孔子回答:"君使臣以礼,臣事君以忠。"君臣关系,并不是依从"命令—服从"的逻辑,呈现为一种绝对化了的强制和顺服的关系,而是以礼为规范构建起"忠—恕"的理性秩序。忠诚和宽容,不正是"上—下"人际关系中最重要的品质吗?

这与"君之视臣如手足,则臣视君如腹心"(《孟子·离娄上》),"高上尊贵,不以骄人;聪明圣知,不以穷人"(《荀子·非十二子》),属于同一理念。在君臣的上下级关系中,居于上位的君王,不仅在权力话语上具有优先权和优越感,而且在道德行为上,也必须具有更为雍容大度的垂范意识。

2.3　好德如好色

"好德如好色",不妨俗白地翻译为"像爱美女一样爱道德"。但美女如此感性悦目,道德如此高深莫测,如何解说两者之间的隐喻关系,颇费思量。

我们先来了解它的背景故事。孔子在卫国居住了一个多月的时候,有一次,卫灵公和夫人南子同坐一辆车,而让孔子坐在第二辆车上,让他像一个"跟班"一样,随同他们一起出游,招摇过市。孔子作为一位贤德之士,没有受到应有的尊重,所以,他认为这是一件挺丢人的丑事,于是感叹说:"吾未见好德如好色者也。"并且在事后离开了卫国。(《史记·孔子世家》)

这个事件,暴露出了卫灵公的一种明显倾向,就是重"色"轻"德",他显然更有兴趣花时间在他的夫人南子(一个美貌但在私生活方面声名狼藉的女人)身上,而不愿意花心思听取孔子给出的以德治国的建议。但对孔子而言,这个事件,却折射出他的哲理思考能力。卫灵公如此安排,既让人感到一种耻辱,又在这种耻辱的深深刺激之中,逼着人去追问更深层次的问题。道德建设和人性本能,到底应该是怎样的关系?孔子在经过沉思之后,将这个深刻命题概括为"吾未见好德如好色者也"(《论语·子罕》)。

如果一个人在道德修养方面,都能够像"好色"的本能冲动那样,自然地产生喜爱之心,"像爱美女一样爱道德",那么,就能毫不费力、轻松快乐地实现道德目标。

诚然,爱好舌尖上的美味,喜欢爽心悦目的美色,是人的天性和本能,所谓"食、色,性也"(《孟子·告子上》)。这是人的自然属性的本质反映,是饮食男女的人之常情,是人的一种正常的生理需求。这种需求的适度满足,不仅是合理的,而且是必需的。但是,人的本能作为一种原始生命力,既可以是创造性的,也可以是破坏性的。过度放纵本能会破坏人格的完整。(商磊《本能与道德》)如果对人的本能不加限制,就会出现猛兽般彼此掠夺相互撕咬的混乱局面和恐怖场景。因此,人们发现,道德才是人与禽兽区别的本质特征,道德

才是拯救人于沉沦的心灵之帆。人的欲望只有在道德准绳的规范下，才不至于泛滥成灾。但相比于与生俱来、有根有形、自然自发的本能欲望，外在的道德要求就显得有些虚无缥缈和苍白脆弱，在激情的席卷之下，不是被丢于脑后，就是被穿门而过。即便是内心滋生了对道德的需求，也离不开对道德理性的复杂认知和在道德实践上的艰苦修行。正是道德建设的复杂性和艰巨性，令人对"道德"望而生畏、敬而远之。许多人不是心中没有道德底线，而是在"欲望"与"道德"的挣扎中，迈不过那道高高的门槛。

正是在这样的现实面前，作为理想主义者的孔子，给道德建设开出了新的处方：道德实践毕竟不是法律约束，不能作为一种外在的强制的要求，而要转化为内在的自觉和发自心底的喜爱，"像爱美女一样爱道德"。在这里，孔子给出了一个"善巧方便"的法门，将冰凉的道德理性变成一种温暖的道德情感，以吸引更多的人亲近道德，热爱道德。

道德生活中的理想状态，显然不是要滞留于人的原始的动物性冲动阶段，但也不会仅仅满足于对道德理性的遵循和对道德制度的顺从，而是要融合二者并超越二者，抵达更高的道德状态——道德自觉。道德的起源与发展的历史表明,道德与本能并非一对死敌,"与本能对立只是它们与本性之关系的最外在的表现,在深层,文化正顺应着人类潜在的可能性"(郑也夫《阅读生物学札记》之九)。人类的本能中包含着道德的因子,自然本性中潜存着向善的质素,即孟子所说的恻隐之心和仁义情怀,"恻隐之心,仁之端也",人人身上有良知,有善端,有天赋的善性,这是人的内在之光和自然之光,但受到后天环境的影响,有可能处于昏蔽状态,但人的良知就像偶尔被云翳遮盖的日月光华那样,"云雾一开,明体即见"(王畿《龙溪全集》)。但人是"道德的动物",既具创造力,又具破坏力;既有行善的本能,也有作恶的本能;既有美好的冲动,也有邪恶的冲动。道德的力量,就是将人的原始本能中善的因子、美好的冲动整合到自我之中,作为自我成长的精神根基。从这个角度说,人的道德,又自然地蕴含着人的本能正当合理的需求。而人的道德实践,就是顺应着这种合理的需求,将人性中善的美好的因子加以维护并不断放大,放大到像《九阳真经》那样,可以化解一切本能中的寒毒,并使这种善的力量成为一种恒久的稳定的精神价值取向,成为内化于人的一种品性,成为"道德无意识"和人的"第二天

性"。当道德内化于人并成为"无意为之"的自然行为的时候，一个人就不再是"行仁义"，而是"由仁义行"(《孟子·离娄下》)。

孔子曾说"从心所欲，不逾矩"，历来被视为道德修身的最高境界。在"随心所欲"阶段，人不必再受制于任何外在的道德规则，这并非一个人从此获得了道德约束的豁免权，而是不再需要这些规则，"因为无论他做什么，即使不考虑任何道德规则，他所做的正是这些规则要求他所做的"(黄勇《"好德如好色"：孔子对当代美德伦理学的贡献》)。"从心所欲，不逾矩"，给人一种水到自然成的感觉。如上所述，人的本性、本能中自然蕴含着善的美好的因素，因此，当人的道德将这种自然的美的因素发挥出来的时候，就丝毫感觉不到矫情和做作的成分，一切自然而然，如其本身所有。就像"爱美之心，人皆有之"一样，追求美德，也是人心所向，"像爱美女一样爱道德"，也是人的自然本性的显明和呈现。爱"善"与爱"美"，在本质上是一致的，都是充满喜爱。而"爱"的定义，就是自我同它的快乐之源发生联系，爱是因为快乐。美色养眼，让人感到舒服；而美德给人以心灵的充实、人格的尊严和精神的喜悦。孔子之所以欣赏"暮春者，春服既成。冠者五六人，童子六七人，浴乎沂,风乎舞雩,咏而归"这样一种轻松洒脱的场景,明确表示"吾与点也",就是因为置身于如沐春风的道德境界,真正体验到了道德中的精神至乐,要比非道德的快乐更快乐。

孔子"好德如好色"的命题,在《大学》里有一个相似的说法:"如好好色,如恶恶臭。"一个人无须被人诱导,也无须任何训练,他就能不假思索地喜好美色,憎厌恶臭,这属于一种本能的直觉反应。所以,梁漱溟极力反对胡适将"好德如好色"解读为道德习惯的逐渐养成,他认为,一旦将人的美德归功于习惯,美德就会变得呆板麻木,丧失其生机活力、敏锐直觉和自由精神。(《东西文化及其哲学》)由此可见,追求美德,不能像培养习惯那样刻意为之,而应该像有些人天生喜欢运动、天生喜欢音乐、天生喜欢读书一样,是来自天赋、天性的一种选择,是从人的性灵里散发出来的一种热情,充满了自然的机缘和生命的灵性。道德取悦于一个人的心,正如美味取悦于一个人的胃,美色取悦于一个人的心理快感那样,也应该成为人的自然本性的流露。所以,践行道德,就像一种自然力量的迸发,让人感觉不到丝毫的强制,也不会产生半点的犹豫。人们的习惯看法是,有德者之所以毫不费力地施行美德之事,一定是他在之前付

出了很大努力才能变成有德者。而孔子所给出的理想答案是：只要一个人完全认识到道德的美好境地，他就会"好德如好色"，自然地、自发地、快乐地实践这些美德。而且，人一旦对美德动了真情，"像爱美女一样爱道德"，他就会不顾一切地爱慕、追求和守望美德。

2.4　非礼勿视，克己复礼

　　内心渴望美德的人，他的外部行为也会朝着善意和美好的方向努力，在生活中乐意循礼而行。

　　关于循礼而行的生活方式，孔子有句名言："非礼勿视，非礼勿听，非礼勿言，非礼勿动。"（《论语·颜渊》）乍看之下，一切都冠以"勿"字，这个不能说，那个不能动，"食不语，寝不言""席不正，不坐"（《论语·乡党》），言行举止受到了严苛的限制，人好像完全失去了自由。其实，孔子的意思没有这么夸张，四个"非……勿……"的重复句式，既指克服"非礼"行为之后，渐渐归服于"礼"的规范，又指"礼"植根于人的理性认知和情感认同之后，有了"礼"的自觉，自动脱离"非礼"行为的低级趣味，举手投足之间，都是文明范儿。

　　而在要求做到"四勿"之前，孔子还提出了一个重要理念——"克己复礼"。

这个理念由于其内蕴的丰富性和深刻性,曾被多家注解阐释,甚至引发过思想的激荡。在文化发展的黄金时代,譬如春秋战国,"克己复礼"成为礼敬先贤、坚守古礼的文化象征,是一种神圣化的标志;而在某个特殊的年代,"克己复礼"又成为思想保守、复古复辟的文化符号,是一种妖魔化的对象。孔子一度被丑化成要从封建时代"复辟"到奴隶制社会的挡车的螳臂。其实,史料早已证明,孔子绝非一位保守主义者,更不是一位复古主义者。他所欣赏的管仲、子产,就是当时著名的政治改革家;他自己在担任鲁国大司寇时,积极推行"堕三都"的政治大改革,虽因触及季孙、孟孙、叔孙三家权贵的既得利益而未成功,但从中可见他的改革力度。他认为殷承夏礼,周袭殷礼,都有所损益,没有哪一种礼制是万古不变的。不过,排除了孔子复古复辟的嫌疑,不等于说孔子在改革创新的同时,对周礼没有追慕敬仰和传承弘扬。

至于"克己复礼"的含义,概言之,主要有三种理解:

一是克制私欲,恢复周礼。李泽厚、任继愈、匡亚明等当代名家,都认为"克己复礼"是为了恢复和遵循"周礼"。与此相关的是,宋代的程朱理学认为,克制私欲的目的是追求"天理"。

二是约束自己，遵循礼仪。《尔雅·释诂》训"克"为"胜"，制约自身行为，合乎礼仪规范。又有释"克"为"约"，马融注解"克己"为"约身"，邢昺解释"克己复礼"是"约身反礼则为仁矣"。"约身"就是"修身"的意思，属于主体自身的道德修炼。韩愈将"克"解读为卑身低调，范宁认为"克"是自责反省，都是自我检束，是在外形中对"礼"遵循，在内心中对"礼"认同。

三是自身奉礼，归于仁义。俞越将"克"解读为"能"，而认为"己复礼"三字连文，能够让自身自觉地归于礼的，就是仁的品质。所以说"克己复礼为仁"，克己复礼就是仁。"一日克己复礼，天下归仁焉"，如果人人都从今天开始努力"克己复礼"，天下就会逐渐趋近于"仁"的境界。此外，朱熹将《论语·学而》"信近于义，言可复也"的"复"解读为"践言也"，可见，"复"还含有践履、实践的意思，钱穆就持"克己复礼"是践履礼义的观点。《说文解字》说"克，肩也"，郑玄为《毛诗序》笺注时说"仔肩，任也"，以终身奉礼为己任，可以做到问心无愧，安顿自己的心灵世界。

"克己复礼"，总是和主体的自我克制、约束、内省相联系，使自身变得更加完善和美好。但若因此认为克己复礼等同于苦行僧的禁欲主义，就是一种过度阐释了。在这个问题上，杜维明的说法比较中肯，"克己"，就是内省反思的身心状态，是内在的精神磨炼，让心灵变成和谐有序的状态，这时候的自己，已经与克己之前的"自己"不同。这种磨炼是一种成长，而不是禁欲，也就是有序地成就各种欲望和诉求，并不是要把欲望取消。同理，复礼的"复"可以解释为返归、归复，是要把不正确的行为归复到符合礼的状态。（《建构精神性人文主义——从克己复礼为仁的现代解读出发》）

复归到礼的状态，并不意味着"礼"一成不变、可以亘古执行，礼的内涵与形式也在与时俱进，从这个意义上说，孔子对周礼有继承也有创新，在无形之中超越了周礼；但每个时代又都需要社会伦理和个人心灵复归到善与美的序列中，让"礼"发挥出"经国家，定社稷，序民人，利后嗣"的重要作用，从这个意义上说，孔子又没有背叛周礼，须臾都没有离开过"礼"的精神本质。《左传·昭公十二年》载，孔子说，"古也有志：克己复礼，仁也"，可见，"克己复礼"也不是孔子个人的独家见解，而是"古也有志"的一种共识。只不过这种"古志"特别能打动孔子，以至于孔子将它阐释得"深切著名"：克己复礼所要复归的，不只是复归到礼的外部的行为规范，更要复归到礼的本质内涵，即它内在的

"仁"的品质。就像我们今天学习优秀传统文化，显然不是模仿那种之乎者也、打躬作揖的生活方式，而是传承"天道—人心"所指向的精神价值。孔子克己复礼所一心向往的，是尧舜禹汤的仁心和胸怀，是"天下归仁"的美好理想。

3　作为一种情怀的仁爱

"仁者见仁,智者见智。"

"仁"字在《论语》中出现了 109 次,杜维明认为它"充满悖论,神秘莫测";李泽厚举出"仁者爱人"与"克己复礼为仁"两句话,前者指"对外"付出爱心,后者指"对内"严于律己,两个"仁"字,可以形成完全对立的解释,于是认为对"仁"的理解"见仁见智""从无达诂"。

可是,"仁"毕竟是《论语》中的核心价值观,为了便于理解,本书兹将各家对"仁"的解读归纳为三个层境:

(1)"仁"是"亲亲之爱"。

《说文解字》的定义是:"仁,亲也。从人从二。""仁"的原初意义指爱亲近的人,相亲相爱。樊迟问"仁",孔子的答案就是"爱人"。孟子也说"亲亲,仁也",而"亲亲"的本意,就是"上下相亲谓之仁",父母爱孩子,孩子爱父母。亲人之爱、恻隐之心,是仁心美德的渊源和根本。推己及人,仁爱又是从自我到家国,从家国到天下的一个个同心圆不断展开的过程,如同"丢石头形成的同心圆波纹"(费孝通《乡土中国》)。在社会伦理学和政治学意义上,又指"修己以安百姓""博施于民而能济众"的"仁政"思想。

(2)"仁"是"忠恕之心"。

"忠恕"是孔子"一以贯之"之道。冯友兰认为,"忠"是"因己之欲,推以知人之欲",即"己欲立而立人,己欲达而达人","恕"是"因己之不欲,推以知人之不欲",即"己所不欲,勿施于人"。"实行忠恕即实行仁",忠、恕是"仁"的具体实践。而在朱熹看来,"忠恕"是"体用不二"的一个完整体系,"尽己之谓忠,推己之谓恕"。"忠"的会意是心在正中,将心置于中正之位,"忠"指正直心、真诚心,是"尽己",尽心尽力为人谋事;"恕"的会意是"如心",以己之心度人,"恕"指同情心、宽容心,是"推己",将心比心,通情达理,充分尊重人的差异性、个性,尊重人格上的平等。

(3)"仁"是"成人之美"。

"君子成人之美,不成人之恶",这是君子仁心美德的一种精神境界。邢昺以《论语·子张》的原文"嘉善而矜不能"来注释这句话,嘉奖出众的贤德之人，也同情能力较弱的普通人，而朱熹将之解读为"诱掖奖劝以成其事也"。因此，"仁"不仅是君子个人的道德修炼，而且是君子通过引领、激励的方法，"成全"他人的成长。君子善于诱发和弘扬别人身上的"天使"的善性，遏制和化解他人身上的"魔鬼"的恶习，不让恶兽冲出栅栏。这样，人就会在君子的熏陶、培育和激励下，善性渐长，恶性式微，从而走向人格的完善。

在这三个层境之上，还有更崇高深邃的形而上之思。王阳明等人认为"仁者以天地万物为一体"，贯通着"天地之心"与"人心"，"仁"所代表的纯粹至善，具有宇宙论和本体论的意义，是心灵安顿的栖居之所，孟子称之为"人安之宅"。王树人、喻柏林认为孔子似乎把"仁"建构成一种理想，而"这种理想可以无限地从各个方面向之趋近，却永远不可能完美地达到"。孔子自己就说："若圣与仁，则吾岂敢?"所以，"求仁得仁"，君子一直处于"上下求索"的进行时态中。

3.1　知者乐水，仁者乐山

关于"知者乐水，仁者乐山"（《论语·颜渊》），朱熹的注释是："知者达于事理而周流无滞，有似水，故乐水。仁者安于义理，而厚重不迁，有似于

山,故乐山。"(《四书章句集注》)"水"充满活泼、灵性与才情,"山"呈现恒定、安详与坚毅,所以,智者喜欢像水一样柔美灵动,仁者喜欢像山一样博大凝重。仁者"安于义理",即坚守道义准则和人生操守,从不违背,毫不动摇。

中国古代早有借自然之物"比德"的传统,"将自然现象与人的精神品质联系起来,从自然景物的特征上体验到属于人的道德含义,将自然物拟人化"(胡家祥《审美学》),譬如以"玉"比"君子之德"就是一个典型例子,"温润而泽"的"玉",象征着君子的仁德。而高山,更是古代士子普遍崇敬的意象。"山岳的博大丰厚、蕴含万物、默默奉献、养育生灵以及其所具有的坚定不移、不可撼动和永恒不朽的自然伟力等性质,使之似具有仁者之心、仁者之气质、仁者之品格"(何平立《崇山理念与中国文化》),因此,仁者乐山,正是孔子在自然中体悟到的哲理,是山岳的精神内涵给予他的启迪。

大山崇高巍峨,如高尚美德令人敬仰,因而留下了"太山岩岩,鲁侯是瞻""高山仰止,景行行止"的诗句;连绵之山孕育万物,宽厚包容,"草木生焉,众木立焉,飞禽萃焉,走兽休焉,宝藏殖焉"(《说苑·杂言》),化育万物不知疲倦,奉献资源取之不竭,符合"仁爱天下"的胸怀;而山石具有"中正自守,其介如石"(《易经·豫卦》)的坚贞品格,所谓"石可破也,而不可夺坚",这与"三军可夺帅也,匹夫不可夺志也"的人格力量如出一辙。水可以为云为雾,为雨为雪,为露为霜,无穷变幻,而山却岿然不动,坚守不移,宛如擎天柱石;高山又质朴平和,静观花开花谢、云卷云舒,《红楼梦》认为山石浑璞,具有痴性,以此对应世俗的机巧;魁伟之山,壮美沉静,南北朝画家宗炳说"山水以形媚道"(《画山水序》),认为观山水就是悟道;海德格尔说:"石头在言说,痛苦本身有言辞。沉默良久之后,石头现在对追随陌生的灵魂的漫游者言说它自己的力量与坚忍。"(海德格尔《诗歌中的语言》)

孔子正是借山岳的崇高、宽厚、恒守、质朴、沉静,言说"仁者乐山"的情怀。当然,"仁者乐山"与"智者乐水"也不是截然二分的。当子张向孔子问"仁"时,孔子说:"能行五者于天下,为仁矣。"这五种素质就是"恭、宽、信、敏、惠",其中的"敏"就指向"智"的维度。可见,"乐山"与"乐水"又自有其相通之处,"仁者"也自有其智慧的深沉。不过,高山所启迪人的坚守一贯的信念,无论时势多风云变幻,也无论道路多曲折艰难,都义无反顾、九死未悔的品格,更能赢得"仁者"的共鸣。

3.2 己所不欲,勿施于人

法国 1793 年《人和公民的权利宣言》第六条,记载着这样一段话:"自由是所有的人做一切不损害他人权利之事的权利。其原则为自然;其准则为正义;其保障为法律;其道德界限则存在于下述箴言之中:己所不欲,勿施于人。"

在 1793 年和 1795 年的法国宪法中,也有类似表述。而早在 1615 年出版的《利玛窦中国札记》中就曾提到孔子及其格言"己所不欲,勿施于人",后被伏尔泰等人引述,成为论述法国自由精神的重要资源。

不仅是法国,1993 年在美国芝加哥举行的世界宗教会议第二届大会所通过的《走向全球伦理宣言》就提出:"'己所不欲,勿施于人'或者换用肯定的措辞,即'你希望人怎样待你,你也要怎样待人',应当在所有的生活领域中成为不可取消的和无条件的规则。"可见,这是世界普遍认同的道德准则,英国神学家 Thomas Jackson 称其为"道德黄金律"(Golden Rule of Moral)。

孔子的学生子贡就说过:"我不欲人之加诸我也,吾亦欲无加诸人。"(《论语·公冶长》)《中庸》第十三章也陈述过同样的意思:"忠恕为道不远。

施诸己而不愿，亦勿施于人。"世界各地的宗教教义中，也随处可见这条道德黄金律。波斯袄教的教谕是："唯有不将于己不利之事施于他人，人性方可称善。"印度古代史诗《摩诃婆罗多》"和平篇"中也有相似的说法："绝不应该把自己不愿意受到的对待施加于他人。"读这些话，感觉就是孔子原话的翻版。钱逊认为，"己所不欲，勿施于人"是一种推己及人、设身处地、将心比心为他人着想的"恕"的精神，即互谅的精神，其中包含着平等待人的理念，体现出对他人的爱和尊重。待人处事多想想别人的感受，而不是"只要我高兴就好"，不顾他人感受。(《己所不欲，勿施于人》)

而俞吾金却认为，这句话并非体现孔子的互谅精神，"反而暴露出潜藏在他意识深处的权力意志"。"己所不欲，勿施于人"的意思是：自己不愿意做的事，不要强加给他人。假如去掉这句话中的两个否定词"不"和"勿"，就转化为肯定的形式："己所欲，施于人。"其意思是：自己愿意做的事，也可以强加给他人。这句话所体现的正是"己"的权力意志。(《黄金律令，还是权力意志——对"己所不欲，勿施于人"命题的新探析》)依此推论，某人喜欢古典音乐，他就有权要求他人也都喜欢古典音乐；某人信奉宗教，他就有权要求他人也都成为

信徒。这是非常危险的。

　　俞吾金援引康德的《道德形而上学原理》的原话，认为不能把"己所不欲，勿施于人"这种老调子当作指导行动的原则和规则，否则，在法律的语境中，它容易成为那些触犯刑律的人不服从法官的判决、逃避惩罚的借口。俞吾金还引述叔本华的观点，认为"己所不欲，勿施于人"这个命题在利他主义的背后，隐藏着利己主义的本质。从否定的角度看，体现为防御型的利己主义，请不要把你不愿意做的事强加到我身上；从肯定的角度看，体现为进攻型的利己主义，以"己所欲，施于人"的面目显示出来。

　　彭怀祖在和俞吾金的商榷文章中指出，按照逻辑演绎规则，"己所不欲，勿施于人"是一个蕴涵式语句。在任何时候，只要一个蕴涵式是真的，其逆反语句亦真。"己所不欲，勿施于人"的逆反语句是"施于人，己所欲"。因此可以得出结论，"己所不欲，勿施于人"和"施于人，己所欲"等值。但是，"施于人，己所欲"和"己所欲，施于人"不同。在"施于人，己所欲"的语句中，"施于人"的有可能是"己所欲"的部分，即考虑到对方的可接受性，把"己所欲"有条件地、部分地"施于人"，寻求双方并推及全社会所有成员，积极寻求最广泛意义上的共识;而在"己所欲,施于人"的语句中,只要是"己所欲"的,都可以甚至应该"施于人"。(《"己所不欲,勿施于人"的当代道德价值——对俞吾金先生〈黄金律令,还是权力意志〉一文的商榷》)

彭怀祖在这里想强调的是两点意思:一是"己所不欲,勿施于人"与其逆反语句"施于人,己所欲"等值,而不是与其肯定式语句"己所欲,施于人"等值,前者是将心比心感同身受之后的部分施与,后者是将自己全部欲望强加于人,这是具有本质差别的。而俞吾金并未关注到这一差别。这里需要说明的是,彭怀祖也可能忽略了另一组比较,即俞吾金所采用的肯定式语句"己所欲,施于人",与《走向全球伦理宣言》中的肯定式语句"你希望人怎样待你,你也要怎样待人"的内涵也不一致,前者是个人欲望的单向施加,后者是"你"和"他人"之间的平等互通对待。二是"己所不欲,勿施于人"非但没有把自己的所有欲望强加于人,更没有要求别人按照自己的喜怒哀乐来调整行为,恰恰相反,它是通过设身处地的体验,过滤自己的行为并做出取舍,以避免对他人造成心理伤害。这句话更倾向于自我反省的能力,而不是道德上的苛求,更不是以自我为中心的权力意志。

还有学者从法律的维度认为,"己所不欲,勿施于人"的伦理规则,蕴含着中国古代民事权利的基本元素。"己所不欲,勿施于人"中的"己"和"人",就是两个民事主体。从内在结构看,"己"和"人"的地位是平等的。"欲"是人的欲望,是一种意念,相当于民事法律关系中的民事法律意志。"施"是强加的意思。显而易见的是,在民事法律行为中,作为一方民事主体的"己",必须本着诚实守信、尊重他人权利的原则,来同作为另一方民事主体的"人"进行自愿的民事活动,以避免产生欺诈、胁迫等民事违法行为。(魏顺光《"己所不欲,勿施于人"的法文化解读》)

关于人的主体的平等性,佛学的"无分别心"可以作为参照。《维摩诘经》里有一个不可思议的命题,叫"纳须弥于芥子"。将高大无比的须弥山,纳入一粒细微的芥菜籽中,前提条件是须弥山没有任何缩小,芥菜籽也没有任何放大。其实,这是佛学关于时空相对论的一种理念,多维的时空如同被折叠,一刹那可以蕴含无量无边。眼前的一片树叶,可以完全遮蔽远方的崇山峻岭;今天的孙子,也完全可能成为明天的爷爷。因此,芥子纳须弥,也是完全可能的。就人格的平等性而言,就像须弥山和芥菜籽一样,没有绝对的大小之别。

有一幅画,在天平两端,分别是庞然大物犀牛和轻盈渺小的蝴蝶,但天平的状态是平衡的。它的寓意是:人的地位有高低、能力有大小、财富有多寡,但在人性的尊严上,在人格的天平上,是完全平等的。理解了这个道理,你就会反躬自省:有没有以自身的优越感,将个人意志强加于人? 于是,你就会明白,为什么孔子所说的"己所不欲,勿施于人"能成为流传至今的一条金科玉律了。

3.3 巧言令色,鲜矣仁

"巧言令色",令人想起鲁迅说的猫,总是有那么一副媚态。

这个成语在《论语》中共出现了三次,分别在《学而》《公冶长》《阳货》等篇。"巧言"指好听的语言,即"花言巧语"(杨伯峻《论语译注》),"令色"就是美好的容颜,这里指巧扮的神色,朱熹认为是"致饰于外,务以悦人"。在《论语》中,"巧言令色"可以与能言善辩靠口才忽悠人的"佞人"互文释义。《论语》将佞人与摇曳人心的靡靡之音郑声相提并论,"放郑声,远佞人。郑声淫,佞人殆",依此类推,"巧言令色"也是借花言巧语、和颜悦色取悦于人。

孔子似乎对巧言令色的人特别反感,这与鲁迅的"仇猫"心理有得一拼。孔子认为"巧言令色,足恭,左丘明耻之,丘亦耻之",花巧的言辞,乔装

的容色,过分的恭顺,这种矫情和做作的姿态,左丘明认为可耻,孔子也认为可耻。孔子的反感,是因为巧言令色之人所持有的虚伪生活态度,将背离仁心美德越来越远,"巧言令色"的人是"鲜矣仁"。这里的"鲜"倒不是完全没有,而是罕见。皇侃就认为"巧言令色之人,非都无仁政,是性不能全,故云少也",意为并非绝对没有"仁"的可能,只是无法保全"仁"的本性,所以少有修成"仁"的品格的。刘殿爵的英译本《论语》将"鲜矣仁"的"鲜"翻译成"稀有"(rare),比较符合原义。钱穆解说"鲜"是"少义,难得义"(《论语新解》),"稀有"就是"难"的意思,难以抵达"仁"的境界;《大戴礼记·曾子立事》以"难于仁"诠释"鲜矣仁",这些都是对原文的确切理解。"巧言令色"的人,表里不一,损害了"仁"的美德;其轻浮夸饰,动摇了"仁"的根基;其哗众取宠,异化了"仁"的本质。以如此生活态度追求"仁"的美德,无异于缘木求鱼。

与这种反感相对应的是孔子对"刚毅木讷,近仁"(《论语·子路》)的欣赏。钱穆认为"刚毅者决不有令色,木讷者决不有巧言""巧言令色,鲜矣仁"与"刚毅木讷,近仁",可以相互启发,告诉我们在修行仁德时,不能那样做和应该这样做的具体方法。司马牛曾经问孔子:什么样的人才算具备仁德？孔子说：具备仁德的人，他的言语给人以"迟钝"之感。司马牛又问：迟钝为什么可以算"仁"呢？孔子说：具备仁德的人，他一定是说到做到的；他深知事情做起来不容易，因此不会轻易说出口，如此一来，语言表达不就显得"迟钝"了吗？其实，这段话是孔子针对司马牛性格上"多言而躁"的特点来说的，因此劝他说话要沉着缓慢，避免锋芒毕露，损害了仁德。

"刚毅木讷，近仁"，指刚强、果决、质朴、沉静，这四种素质都是仁的基本品质，都接近于仁德，但还算不上完成形态的"仁"。李贤认为，倘能以"礼乐"彰显这些美好的品质，就可以成就仁德（《后汉书·吴汉传论》注）。既然以"礼乐"彰显，必然要以得体的言辞举止作为表现形式，而不可能一味地木讷寡言。其实，孔子除了喜欢德行敏而好学的颜回、质朴敦厚的冉雍，对言语"利口巧辞"的子贡也十分欣赏，更羡慕卫国大夫公叔文子"时然后言，人不厌其言；乐然后笑，人不厌其笑；义然后取，人不厌其取"（《论语·宪问》）的做法，该说的时候才说话，开心的时候才欢笑，合乎道义的财物才取用。可见，孔子并非片面地反感有口才的人，而是认为，"仁者"不应当花言巧语、虚伪巧饰，而应以诚待人，在适当的时候说适当的话。他特别

强调"巧言乱德,小不忍则乱大谋"。同时,孔子也并非一味地偏爱淳朴木讷之人,或者只欣赏他们"呆萌"的样子,而是厌憎巧言令色之人,拒斥"变色龙"式的处世态度,之所以有时候肯定木讷的"呆气"精神,是因为要立定脚跟,去贯彻和坚守"仁"的美德。

3.4　成人之美,不成人之恶

　　为了追求"仁"的美德,君子不仅需要完善个人的品德修养,还要激励他人的向善之心,不仅要"度己",而且要"度人",这就是"成人之美,不成人之恶"(《论语·颜渊》)。学者一般将这句话理解为成全别人的好事,而不促成别人的坏事(杨伯峻《论语译注》)。朱熹认为"成"字只是"欲"字(《朱子语类》卷四二),在人际相处和社会伦理中,希望彰显他人的善性和美德,而不希望激起他人身上的魔性和邪恶。

　　至于如何达到弃恶扬善的目的,在《论语》的同一篇中,孔子提出了"举直错诸枉,能使枉者直"的具体方法。何晏认为,"举正直之人用之,废置邪枉之人,则皆化为直",重用正直的人,对邪枉之人废弃不用,那么,邪枉之人就会改邪归正以求举用。而刘宝楠将这句话解读为"举尔所知之直者,错诸枉者之上"，让正直的人处于比邪枉之人更高更好的位置上，促使邪枉之人心向往之，改邪归正。两种说法虽稍有差别，但基本含义并无二致。就是在制度层面，将贤德之人推到令人羡慕的位置上，激发人的向善之心。就像虞舜提拔皋陶，商汤重用伊尹那样，重用贤德之人，使"不仁者"从中感受到社会道德的风向标，于是"感化迁善"。而这种感化，必然是激发人原有的善性，而遏制其身上潜存的魔性，"成人之美，不成人之恶"。

孔子曾与鲁哀公讨论君子博学通晓的能力，孔子就认为知识可以为善，也可以作恶，君子之"博"，并不意味着他对"恶道"也样样精通，而是对"恶道"深怀戒惧，对"善道"倾心钟爱，所以赢得了百姓的拥戴，并营造了向善的民风，就像《诗经》所形容的"未见君子，忧心惙惙"，既见君子，"我心则悦"（《召南·草虫》）。于是鲁哀公对"君子成人之善，不成人之恶"的品德，发出由衷的赞叹："美哉！"（《孔子家语·五仪解》）而颜回针对叔孙武叔喜欢挑剔别人的特点，引孔子的话予以劝告："言人之恶，非所以美己；言人之枉，非所以正己。"（《孔子家语·颜回》）宣扬别人缺点，并不能美化自己；言说别人错误，并不能端正自己的行为。君子要多做自我批评，而不要光批评别人的缺点，以免激起别人的反感,挑起别人身上的"恶魔"之性,一发不可收拾。

但这不等于说"成人之美,不成人之恶",就是只种花、不栽刺,光说好话一团和气,这样也容易放任别人的恶习。所以,真正的"成人之美,不成人之恶",显然是要以"仁者"的情怀,激发善性,遏制魔性,让人"感化迁善"。在周成王年幼无法临朝理政的时候,周公用教育世子的方法对待他,让他学习君臣父子长幼有序的道理,逐渐树立他的威信,扩大他的影响,终于成就了一代国君。(《孔子家语·曲礼子夏问》)因此,成人之美,必然是化解其身上的邪妄,成就其身上的美德。孔子的学生宰予有一次提出了一个两难的问题:"仁者,虽告之曰'井有仁焉',其从之也?"有人落井,"仁者"去救,还是不救?要不要跟着跳井?如果不救,就不是仁者;如果跟着跳井,就不是智者。孔子指出,遇人落井,肯定要想方设法救援,但没必要跟着跳井。苏东坡也说过,"拯溺,仁者之所必为也。杀其身无益于人,仁者之所必不为也";而宰予提出的两难问题,却有给仁者"下套"的嫌疑,应该将"暗昧欺诈"的"聪明"之心收回,返归"仁道"。在这里,孔子的态度是毫不含糊的,他及时遏制了宰予能言善辩中"机巧"的苗头,而诱发其身上的仁心美德。

4 诚朴灵动的中庸之道

曾经，"中庸"被解读为折中、调和、圆滑，被漫画成取悦世俗的老好人。最受人诟病的是，中庸之道湮没了中国人的竞争意识。

这些都是对"中庸"的误读。

《中庸》第一章开宗明义地提出"天命之谓性，率性之谓道，修道之谓教"，人的天然禀赋叫作"性"，遵循本性的自然生长叫作"道"，将"道"加以修明，并推广给大家叫作"教"。为人处世，是以人的天然本性为根本遵循，本性天真才是为人之"道"。《中庸》又说，"诚者，天之道也。诚之者，人之道也""唯天下至诚，为能尽其性"。真诚无伪是天性的本质，待人诚恳是做人的根本。人的本性纯真、诚朴，是中庸之道的理论缘起，也是它的核心理念。

《周易·中孚卦》六三、六四柔顺处内，象征谦虚至诚；九二、九五刚健居中，象征中实有信。整体卦象意味着"中心诚信"，感化天地万物。这是中庸的贴切比喻。

由"至诚"这一基本点引申开来,"中庸"又具有纯正至善的含义。从文字学角度审视,"中"在甲骨文和金文中都是一面旗帜,原意是矗立于正中央的旗帜或徽标,折射出古代氏族部落以"旗帜"为中心的事实。萧兵认为,"中"的原初意义就是"神圣中杆",如图腾柱、族杆、祖石、亭表,皆指位于正中央的神圣的擎天柱。因此,"中"含有"持中纯正""中正平和"的意思,"庸"含有"平常""恒常"的意思。朱熹引用二程的话注释"中庸":"不偏之谓中,不易之谓庸。中者,天下之正道,庸者,天下之定理。"中庸之道的实质,是以"持中守正"、走人间正道作为伦常规范和人生准则。

王国维认为"中是古代投壶盛放筹码的器皿"。《礼记·投壶》记载,在举行"射礼"时,司射手执装有筹码的器物——一个状如伏鹿形的木匣,以计算射者的成绩。郭沫若引申出两层意思:一是"射箭中的之中",即射中靶子;一是"中央之中",即居中,不偏不倚。"中是个恰好的道理。"说白了,"中"既有切中、精准之意,又有居中平衡之意,避免"过犹不及"。再看"庸",《说文解字》解释:"庸,用也。"中庸即"中之用"或"用中"。《中庸》里也有尧舜"允执其中""执其两端,其用中于民"的典型案例,即从对立的两端意见中取其统一的认识,以达成共识。"中庸"由于秉承中正的原则,因此为人处世无过无不及,追求适中、恰到好处,不偏激,不做过头事。《中庸》说:"喜怒哀乐之未发谓之中,发而皆中节谓之和。"七情六欲尚未生发,本性纯正,情绪表现适度得体,神态清和。

《中庸》还提出了"君子而时中"的概念。所谓"时中",原指春种秋收,无失天时,人的生活规律不要违背时间、季节变化的意思,即适时而为。"犹冬饮汤,夏饮水",引申到为人处世方面,就是朱熹说的"得其时之中",在合适的时间说合适的话,做合适的事。"随时而变,动静不失其宜,乃进德修业之要也。"

"极高明而道中庸","中庸"虽然是一种普普通通的生活态度,是人们喜欢和追慕的人生态度,但蕴含着"高明"的人生策略和思维品质。中庸,是天性至纯,是人性至诚,是品德中正,是言行中和。

4.1 允执其中

在关于"中庸"思想的讨论中,"允执其中"(《论语·尧曰》)和"允执厥中"(伪古文《尚书·大禹谟》)是其中的基本命题。《尔雅·释言》有"厥,其也"的说法,可见,"其""厥"互训,两种说法,其

实是一个意思。

"允执其中"的"允",是"诚信"之意,"允,信也"(何晏《论语集解》),"信者,诚也,专一不移也"(《白虎通·性情》)。由"专一"引申出来的,是明代叶山"执而弗恒,犹弗执也"的"恒久"说,以及辜鸿铭的英文版翻译"fast with thy heart and soul",意为全心全意和紧抓不放。

"执",一般解读为"持"(皇侃《论语义疏》),即"hold",是"秉持""把握"的意思。也有解读为"坚守"的,但南宋理学家饶鲁反对这种观点,他以"执扇须执柄"为喻,认为"事事物物各自有中","执"是要"随事随物而执其中",根据每个事物的特点,灵活机动地抓住其中关键,而不是"呆板""死杀",固执所谓居中位置。

至于"中"的含义,朱熹认为就是"中庸"。就本体论的高度而言,指喜、怒、哀、乐未发之时的纯正"天理",这是"天下之大本",是圣人之道的本体,因而不是人人都能够"执"到的;就伦理学的具体实践而言,指为人处世恰到好处,"中者,无过不及之名",这却是人人都可以努力去追求的。不偏不倚,不走极端,不做过分的事情,又将事情一一做到位,体现为完美主义。连康有为也说"中者,无过不及"。而康熙提出"尔宜廓然大公,心无偏倚"，"则民心悦安，而天禄可常保矣"，他将"允执其中"的"中"解读成了"天下为公"的公心、公道和公正，这是"人心惟危，道心惟微，惟精惟一"的那个"一"，那个作为道德遵循的中正之道。

将"中庸"等同于不偏不倚、无过无不及，也是有问题的。王夫之就曾质疑过这一说法。他认为天道无处不在，天德无不周遍，每一事物都被浑然一体的"道"所披覆，无法分裂出"中""过""不及"三种情形，如果抓住中间，撇下两头，"犹人之无角无尾"，是非常奇怪的。再说，不同事物有不同的"中"，即使是同一事物，在不同情况下也有不同的"中"。譬如：要射空中大雁的腹部，往往是瞄准它的头部，需要有时间上的提前量；要钓到河中大鱼，在它吞饵之时须稍作滞留，让它完全上钩，这又需要时间上的推后量。这时间上的一"前"一"后"，可以印证"中庸"之"中"的灵动变化。再就人的主观认知而言，每个人心中对于"恰好"的标准也是不一样的，到底以谁的"恰好"为标准线呢？而且有时候看似不怎么中庸的片面深刻，反而切中事物的要害，要比不偏不倚、四平八稳更具有思想冲击力。

为了突破将"中庸"定位于"无过无不及"的固化思维，也有学者借佛学的"中观""中道"来阐释

"中庸"的深刻内涵。

天下万物和万法都是因缘和合而生,每当"因缘"即其所依存的条件发生变化,事物本身也必然随之发生变化,所以不可能有它自己内在的、真实不变的本质,即所谓"未曾有一法,不从因缘生,是故一切法,无不是空者"(龙树《中论·观四谛品》)。"世间的一切事物,都不是一成不变的,而是一个念念不住的过程"(赖永海《佛教十三经·总序》),因此都没有独立的自性,其本质就是空性。但一切事物虽然自性空寂,这种"空"又并非存在论意义上的空无所有,并非否定一切,"空"只是空其自性,事物作为没有自性的现象、"假名"还是存在的。这种既不执着于"有",也不执着于"空"的方法,即龙树所说的"中道义",或称"中观"理论。用龙树自己的话说,就是"众因缘生法,我说即是空,亦为是假名,亦为中道义"(《中论·观四谛品》)。佛学的般若中道以否定"边见""不落二边"为核心理念,是一种不执着于矛盾任何一方、不走极端的辩证思维方法。如龙树提出的否定式判断"非有,非无,非亦有亦无,非非有非无"(《中论·观涅槃品》),就是打破思维的局限性,在思维的多端互动中,形成更高级、更深刻、更活泼、更灵动的思维形态。这样的"中道""中观",不执着于某一端,也不执着于"中道"本身;超越了两极,又自然地包含了两极。佛学中"烦恼即菩提""世间与涅槃""色不异空""不生不灭"等玄妙的命题,如果用"中观"理论解释,都可以找到合理的答案。《楞严经》中就有类似的表述:"本非因缘,非自然性。"事物之间的联系,本非因缘所生,亦非无因缘而自生的自然性。既不完全是因缘和假名,又不完全是空性和寂灭。因此,从"中观"的视角理解"中庸",就不会去刻意追求"无过无不及"的那个绝对的"中",而是跳出"恰好"的限制,在更广、更高的层面上,俯瞰思维信息,综合和优化自己的思维过程。在这个意义上,真正的"中庸"是没有固定的"中"的,而是随事随物而灵动变化;而在随物赋形的自我调整中,又秉持中正的美德。正像宋代张栻所说:"惟其心无所倚,则能执其中而不失。"

4.2 过犹不及

在表达"中庸"思想的诸多话语中,"过犹不及"出现的频率最高。这个典故出自《论语》"先进"篇。当子贡询问"师与商也孰贤"的时候,孔子认为,"师(子张)也过,商(子夏)也不及",并明确指出"过犹不及","过"和"不及"都不符合"中庸"

的标准。

《礼记》中的记载更具体。孔子在子夏、子张服满丧期而除丧的时候,拿出一张琴,请他们分别弹奏。子夏调整琴弦,五音不和难成曲调,他站起来说:"我还没有完全忘记悲伤,只因是先王制定的丧礼,所以我不敢服丧过期而不除丧。"子张调整琴弦,五音和谐而成曲调,他站起来说:"我能够节制住自己的悲哀,只因是先王制定的丧礼,所以我不敢不等到服满丧期而除丧。"(《礼记·檀弓》)人在服丧期间,悲伤的情感表达有强有弱,但在服丧的期限上,必须遵循丧礼的要求。子张生性细腻内敛,自控能力超强,显得有点过分;子夏生性自由疏阔,往往随性纵情,在节制方面做得不够到位。所以,他们是一个"过",一个"不及"。而冉求和子路这一对,是"不及"和"过"的另一典型,"求也退,故进之;由也兼人,故退之"(《论语·先进》),冉求为人谦退谨慎,所以要激励他,子路为人争强好胜,所以要抑制他。

当然,要做到中规中矩,既不越规,又避免未达规、不中规,的确不是一件容易的事。子贡曾越席提问,即离开席位继续追问:怎样才算适中?孔子回答说:唯有礼,才能使人的言行适中。(《礼记·仲尼燕居》)可见,要避免"过犹不及"的弊端,就要归于"礼"的规范。

但无偏无倚、"允执其中"的"中",又不能简单地理解为长度概念,并非刚好在二分之一处,而是在事物的质的规定性之处。不偏于前后左右,不偏离正确方向,但可以偏在事物的本质所在处,这样即便是偏向、偏爱,其实质也是"中",即归于"礼"之"中正"。

4.3 毋意,毋必,毋固,毋我

"中庸"思想的本质,是以清明纯善、自然静定的本心,审视世间万物,以中正的礼制,规范人的言行举止。但这种中正的礼制,也是"道始于情","率性之谓道",根据人的天然禀赋和性情特质而定,而不是僵化的教条、绝对的理念、固执的思维。"中庸"作为一种思想方法和处世原则,最大的特点就是对固执一端的思维方式的彻底否定。

孔子自己就说过:"君子之于天下也,无适也,无莫也,义之与比。"(《论语·里仁》)杨伯峻将这句话解读为"君子对于天下的事情,没规定要怎样干,也没规定不要怎样干,只要怎样干合理恰当,便怎样干",表达了通权达变的灵动性和唯义是从的中道义。关于文中"适"和"莫"的理解,郑玄从文字学的角度注为"敌"和"慕"(《论语注》),"无适

无莫"就是在心理上不绝对性地分出敌友；邢昺从人情关系的角度解释为"适，厚也；莫，薄也"，"无适无莫"就是在情感上也没有绝对化的厚薄亲疏。"义之与比"，朱熹释"比"为"从也"，万事遵从"义"为中正准则。

朱熹引述孔子的原话"无可无不可"作为"无适无莫"的注脚，以彰显孔子进退自如、不滞于物、不执于一端的思想灵动性。孟子说孔子"可以仕则仕，可以止则止，可以久则久，可以速则速"，孔子是"无可无不可"，没有固定的成见，所以"常适其可"，唯"义"之所在，即其"心"之所在。孔子的"中庸"思想，是要培育一颗澄然虚明的诚心，无私无偏，照亮"义"的中正之道。

但人固有的七情六欲，又难免会起心动念，想入非非。意念一动，纯净之心就会随之摇曳而变得浑浊。所以，孔子要根绝四种意念："毋意，毋必，毋固，毋我。"即人性中的四种执念：妄想揣测，刻意欲求，拘泥固执，唯我独尊。这四种心灵的固执，对应于人的杂念、欲念、执念、妄念，蒙蔽了原本澄澈空明的初心，导致了认知结果的偏离，以及行为的违礼和人性的异化。"中庸"的目的，就是要解开固执的死结，还原诚朴的本心，使人回归到道义、中正的道德本体上来。

5 任重道远的弘毅精神

"士不可以不弘毅,任重而道远"(《论语·泰伯》)所彰显的,是君子的高远理想和沉毅品格。

《论语》以"三军可夺帅,匹夫不可夺志"来彰显坚贞不屈的志向,以"发愤忘食,乐以忘忧"来表述刻苦努力的品质,以"任重道远""死而后已"来承载坚毅勇为的决心。"弘毅"一词,顾名思义,即宽宏坚毅,指抱负远大,意志坚强。朱熹将"弘毅"界定为:"弘,宽广也,毅,强忍也,非弘不能胜其重,非毅无以致其远。"曾国藩将人生成功规律归纳为"有志有识有恒",与"弘毅"如出一辙。

"弘毅"品格的主要特征在于:一是胸怀宽广,以天下为己任。弘毅,首先是心量恢宏。"弘"不但是"公平宽大,容受得人",还须"容受得许多众理",思想开放包容,胸襟开阔博大,性情豪迈大度。二是立志高远,坚守独立人格。"穷且益坚,不坠青云之志",他们对追求的梦想和信念,具有

内在的自觉性,因此拒绝了"苟活"的生活方式,而以"宁静致远"的心志守望自己的精神家园。三是勇于担当,锤炼意志。为了实现自己的价值理念,他们已经做好了充分的心理准备,百折不回,死而后已,具有"欲平治天下,当今之世,舍我其谁"的担当精神。他们可以赴汤蹈火,杀身成仁,也可以忍辱负重,将以有为。所以,他们具有一种"可以托六尺之孤,可以寄百里之命,临大节而不可夺也"的大丈夫气概。四是坚毅卓绝,不惧时世艰难。唯有"毅"所代表的不可摇撼的意志力,才能穿透重重劫难,完成人生的凤凰涅槃。所以,孔子说:"儒有博学而不穷,笃行而不倦。"

5.1　朝闻道,夕死可矣

孔子,穷其一生都在求"仁"问"道",他明确提出了"朝闻道,夕死可矣"(《论语·里仁》)的人生价值观,将"闻道"设置为人生理想的最高目标。

学界关于"闻道"的含义,有"悟道""有道""达道"三种主要见解。

朱熹认为"道者,事物当然之理。苟得闻之,则生顺死安,无复遗恨矣",一生只要闻道明理,便死也安心,了无遗憾。而清代的刘宝楠将"闻道"解读为"古先圣王君子之道,已得闻知之",如果

"循习讽诵,将为德性之助",对"道"已有体悟认知,并勤加修习,可以提升道德修养,如果"不幸而朝闻夕死,是虽中道而废,其贤也于无闻也远甚",即便来不及身体力行实现理想而使中道废置,毕竟已经认识到"道"的意义,认识到人生的价值,这要比至死不闻、不悟,一辈子浑浑噩噩,强得多了。

因此,"朝闻道"的"道",是先王之道,也是孔子一以贯之追求的忠恕之仁道,是君子的理想,是至高的真理,即儒家士子体悟到的宇宙的自然本体和人生的终极意义。理雅各(James Legge)将"闻道"的"道"翻译成"the right way",即"正道""正确的道路",带有较浓厚的道德色彩,缺少冥想天地、叩问人生、无远弗届的形而上沉思,不如阿瑟·韦利(Arthur Waley),把"道"翻译为大写的 Way,能够表达"道"的宏大精深的哲学本体论意义。

上海博物馆所藏的战国楚竹书,出现《慎子》的许多佚文,可见《慎子》是先秦的重要文献之一。《慎子·君臣》载有孔子说的话:"丘少而好学,晚而闻道,以此博矣。"这句话与《论语》的"朝闻道"构成互文性,可以相互印证。"闻道"之后,能够博识通达,那么,"闻道"所指向的含义是:知"道",悟"道"。

也有学者用增字法将"道"训为"有道",譬如

"言将至死,不闻世之有道也"(何晏《论语集解》),"此章疾世无道也。设若早朝世有道,暮夕而死,可无恨矣。言将至死不闻世之有道也"(邢昺《论语注疏》),这是孔子处于天下"无道"的时代,而为建立"有道"的天下所做的努力。孔子的人生理想,不仅是求"仁"问"道",而且要修己成仁,将"外在于己"的天地之道,内化为"为己所有"的主体之仁,变天下"无道"为"有道"。毛子水将这句话翻译为"如果有一天能够听到天下已太平,马上死去也愿意",这是"有道"说的典型文本。

还有学者认为"朝闻道"全章的宗旨,"乃孔子叹自己之道不得行于世"(汪淳《论语疑义探释》),"行于世"即"达于天下","闻道"就是"达道"。在《论语·颜渊》中,"所谓达者"的"达",和"在邦必闻,在家必闻"的"闻"对举,"闻""达"含义相近,而后世又有"闻达"连用的例子,如"苟全性命于乱世,不求闻达于诸侯"(诸葛亮《出师表》),"闻",可训为"达",到达,引申为实现。"朝闻道,夕死可矣",应该译为"早晨实现了我的理想,就是当天晚上死去也心甘",表现出孔子对修己成仁、实现王道政治理想的孜孜以求。(廖名春《论语"朝闻道,夕死可矣"章新释》)

以上的诸种解读,显然将"闻道"当成了句中的核心词,但作为全句的整体意义,"朝闻"和"夕死"的内在关联,恐怕也不能忽略,而且只有在理解了"朝闻夕死"的呼应关系之后,才能真正理解"闻道"超越生死、重于生命的价值。对此,潘重规的解读最为精辟:"由早晨到晚上,时间极为短暂,早晨得知真理,当晚可以死去。人若能悟得真理,就能在生命中发出无限的光辉,这样才不枉生,才不枉死,旦夕之暂,胜过万年,所以说,早晨得知真理,就是当晚死去,都可以了。"(《论语今注》)

朱熹解释"朝夕"的意思是"所以甚言其时之近",时间跨度浓缩在一天以内,这是以时间之短凸显"闻道"对于人生的非凡意义:只要悟到真理,即便只活一天也值得了。而张岱认为"若不闻道,不但不可以生,便死也死不得。只该在闻道上理会,不须在生死上更作商量"。在他看来,"闻道"是比生命更为重要的人生价值之所在,是精神的照亮,是价值的彰显,是人生意义的发现。他还指出,"闻道"之所以比"见道"更妙,就在于"闻"字"从门从耳",如听自己家里人说话,句句亲切,字字入心,能够让人心领神会。所以"闻道"就如同回家,回归心灵家园,使精神安顿、心境平静,于是感觉死也值得。可见,"闻道"与否,其间有天壤之别,一旦了悟人生真谛,就死得其所。所以理雅各

将"夕死可矣"的"可矣"翻译成 without regret，以表达"死而无憾"的意思，这样比较接近《论语》原意。而刘殿爵在 1979 年企鹅版《论语》的英译中，将它翻译成"He has not lived in vain"，即"没白活"，这一译文虽然缺乏古朴的语言风格，但在通俗的大白话里也传达出了"闻道"对于照亮人生价值的特殊意义。《中庸》里也有"恐惧其所不闻"一说，即害怕浑浑噩噩过此一生，而终究未能"闻道"，这就等于白活了一辈子。

总之，"朝闻道，夕死可矣"，是将"道"作为人生的终极理想，以毕生的精力去追求，因此超越生死，不顾一切。但求"道"问"仁"又不是你想求就能求到的，所以"朝闻夕死"既是一种信念，又是对求道之难的感慨，如果不是勤学苦修达到机缘而悟道，你是无法准确把握"闻道"的具体时间的。人的一生，就是要以"只问耕耘，不问收获"的姿态励志向道，才有可能不断接近"闻道"的境界，甚至在不知能否"闻道"的情形下，依然将整个生命付诸"道境"，无憾、无悔、无忧，让自己的人生在一个更高的精神层面上度过，那么，即便一辈子都不能"闻道"，也能体验到精彩的别样人生。而一旦"闻道"，就可以获得精神层面的最高程度的满足，可以了生死，无遗憾。

5.2 匹夫不可夺志

匹夫,是平民百姓的通称。孔颖达为孔安国的《尚书正义》作疏,认为"士大夫以上则有妾媵,庶人无妾媵,惟夫妻相匹。其名既定,虽单亦通谓之匹夫匹妇",匹夫是因平民夫妻一对一匹配而产生的称谓。而皇侃在《论语义疏》中又从布帛之"一匹"解释"匹夫",古人朴素,"衣服短狭,二人衣裳唯共用一匹,故曰匹夫匹妇也"。

至于"志",在《论语》中孔子言"志"多达 17次,基本上是在信仰维度上表达"志向""立志"的意思。《说文解字》的解释是:"志,意也,从心从之,之亦声",朱熹注解为"心之所之",而比较形象的说法来自何晏和司马迁,分别将其解读为"志,慕也"和"虽不能至,然心向往之"。孔子自己说过:"大道之行也,与三代之英,丘未逮也,而有志焉。"(《礼记·礼运》)对先王之道充满了神往的敬意。孔子所向往的先王之道,是朱熹所界定的"道,则人伦日用之间所当行者是也",这里的"当行",就是价值所应该选取的方向,即古代圣贤的"仁心"美德,这是儒家道德主义的源头,也是"人之为人的本质规定"。后来孟子所说的"善端",朱熹所说的"力行其善",王阳明所说的"良知",都是

对"仁爱"精神的一脉相承。这也就是孔子所说的"苟志于仁矣,无恶也",人生的关键在于"立志",只要在内心深处有了求"仁"的发心与追求,在道德修为上就会自觉地弃恶扬善,而纯洁美好的行为,就会自然而然地随心发挥。

孔子说:"三军可夺帅也,匹夫不可夺志也。"(《论语·子罕》)何晏《论语集解》引孔安国观点,解读为"三军虽众,人心不一,则其将帅可夺而取之。匹夫虽微,苟守其志,不可得而夺也"。言下之意,人心不一,连将帅首领也保不住,而如果横下一条心,那么匹夫虽然身份低微,他的意志也不容侵犯。在人们心目中,匹夫可能是一个粗俗的莽汉形象,而当他横下心来的时候,却是勇不可当。当然,孔子在这里并非提倡逞匹夫之勇,而是启迪我们,无论是王侯将相,还是匹夫匹妇,都具有自身的独立意志,在价值选择上,都具有主体性、独立性,这是人格尊严的基本要求,理应获得尊重。

而对于个体自身而言,要追寻人生的意义,就要立志明理,矢志求"仁"问"道"。心志专一向"仁",内心就会"充满而积实",从而彰显在人生价值选择上的独立意志,即"为仁由己,而由人乎哉?"完全是不受外力影响的自由自主的选择。与匹夫之勇所不同的是,君子不是盲目固执地为一件小事横下一条心,而是将求"仁"问"道"的宏大之志作为自己的理想,并在通向理想的道路上画上一条直线,作为自觉坚守的底线,即使命运坎坷、劫难重重,最终都要回到这条底线上去,念兹在兹,为之不厌,"君子无终食之间违仁,造次必于是,颠沛必于是"。陈淳解释"志"为"心之所向","谓心之正面全向那里去","一直去求讨要,必得这个物事"(《北溪字义·志》),当人一心一意追求自己的人生理想时,就不会畏惧强权的逼迫,也不会迷恋名利的诱惑,"富贵不能淫","威武不能屈",而是在守望精神家园中坚守人格的节操。在这个意义上,"守志"不是"活塞",而是"死栓"。正像孔子所说:"志士仁人,无求生以害仁,有杀身以成仁。"即使面临生死抉择,也要坚守仁德,不改其志。

孟子曾比较过匹夫、勇士和君子三者的"不动心"。北宫黝虽然勇敢,肌肤被刺也毫不退缩,双眼被刺也目不转睛,但经不起考验,"思以一毫挫于人,若挞之于市朝",受了他人的一丁点委屈,就像在大庭广众之下被鞭笞一样。不管是地位低微的"褐夫",还是地位高贵的"万乘之君",都不会放过,必定一一报复。这样一种完全出于本能反应

的生理之"勇",当然不是真正意义上的君子"不动心"。孟施舍比北宫黝略好一些,是"量敌而后进,虑胜而后会",他不逞匹夫之勇,而是通过理性思考,分析敌我双方的力量配比,然后寻找决胜之道,这也算是有智有勇,但与君子"不动心"尚有差距。孔子曾对曾子说过,真正的"大勇"是"自反而不缩,虽褐宽博,吾不惴焉。自反而缩,虽千万人吾往矣"(《孟子·公孙丑上》)。孔颖达《礼记正义》将"缩"解释为"直",而《广雅·释诂》说:"直,义也。"君子的"大勇"和"不动心",是坚定自己的思想意志,而不是意气用事,并且以内心的正义为标准。如果不合道义,即使是平民百姓,也不会去威吓他;如果合乎道义,"虽千万人吾往矣",纵是对方千军万马,我也勇往直前。

5.3 岁寒,然后知松柏之后凋

松柏,在古代属于名贵树种,在夏朝祭祀礼仪中居于崇高地位。上古栽植松柏的情形是:"太社唯松,东社唯柏,南社唯梓,西社唯栗,北社唯槐。"(《白虎通·社稷》)古人以中央为尊,以东方为尚,所以松树和柏树分列太社和东社,足见地位之高。而根据人伦序列,配以相关树种,松柏又成为身份的文化符号:"天子坟高三仞,树以松。诸侯半之,树以柏。大夫八尺,树以栗。士四尺,树以槐。庶人无坟,树以杨柳。"(《白虎通·崩薨》)后人用松柏的高大形象和崇高地位来隐喻人格的高洁劲直。唐代裴度就指出"松兮柏兮,犹君子之志行"(《岁寒知松柏后凋赋》)。

以松柏喻人,早在《礼记》即已出现:"其在人也,如竹箭之有筠,如松柏之有心,二者居天下之大端矣,故贯四时而不改柯易叶。"松柏象征着心怀理想、矢志不渝的君子人格,"松柏心"也成为君子独立人格和坚贞气节的写照,苏轼就说过"我独种松柏,守此一寸心"。

在文学意象中,松柏蕴含着挺拔脱俗、特立独行的精神气质,李白有"为草当作兰,为木当作松。兰幽香风远,松寒不改容""何当凌云霄,直上数千尺"的诗句;松柏又是坚贞不屈、独立不移的人格象征,南朝梁范云的《咏寒松》诗"凌风知劲节,负雪见贞心",便是其中的典范;而连理的松柏,在民俗观念里被视为"仁木",是一种祥瑞之兆,比喻相濡以沫、不离不弃的深情;松柏还代表淡泊明志、静观天地的超然心境,陶渊明"抚孤松而盘桓",高大的松树之下,是人生沉思悟道的幽雅之境;而"松泉""松云""松月"之命名,寄寓着不知今夕何夕、忘情自然山水、仰望天心月圆的美妙意趣,正

像杨冠卿诗中所言:"林下松风曲,炉边柏子香。朝昏作禅供,荣辱已俱忘。""松风""柏香"所带来的禅意,让人模糊了时间界限,在苍茫悠远的意境中抵达心灵的澄澈空明。所以,松柏既可以象征仁人志士,又可以隐喻隐士高人,但志操之雅洁与情怀之高远,却是一致的。

"岁寒,然后知松柏之后凋也"(《论语·子罕》),在严寒的恶劣环境中,松柏依然郁郁葱葱,绽放着生命的活力,彰显着逆境中的韧性。李泽厚认为"中国以松柏象征韧性精神,以肯定的情感态度来激励人们,并由此进入更深一层的超道德的审美的'本体'境界"。庄子也引用过孔子类似的说法:"故内省而不穷于道,临难而不失其德,天寒既至,霜雪既降,吾是以知松柏之茂也。"临难守德与岁寒犹茂,构成了人格—意象之间的对应关系。荀子以"岁寒"作为君子美德的试金石,提出"岁不寒无以知松柏,事不难无以知君子",重申了松柏和君子之间的隐喻关系,松柏成为忍耐力、承受力、抗打击力最强的人格象征。

古人喜欢将质朴坚毅的松柏与美艳易逝的桃李相比较,以凸显松柏心志的坚定。李商隐《题小松》"桃李盛时虽寂寞,雪霜多后始青葱"、苏辙《歙县岁寒堂》"浮花过眼无多日,劲节凌寒尽此生",

都重点突出了松树不慕浮华、"凌寒不凋"的坚贞品格。"岁寒堂"的名字,本身就是为了铭记松柏般的君子人格。君子的理想,化为独立不移的精神气节;而君子的精神操守,又化为百摧不折的"永生"的生命力量,在"风霜刀剑严相逼"的逆境中,依然青葱屹立。邹元标致汤显祖的信中所说的"宁为松柏,无为桃李,宁犯霜雪,无饱雨露",便是古代文人对"凌寒不凋"的君子风范的价值认同。

5.4 知其不可而为之

"不可"是指客观环境、社会现状不适合君子实现理想,理想与现实构成了某种冲突,理想遭遇了阻力。"为之",邢昺在《论语注疏》里强调孔子是"强为之",在不利于自己的环境中,仍然坚守自己的理想,并勉力为之奋斗。明知面前已经放下了坚固的石门无法逾越,却仍然希望开辟坚门,透进精神之光,烛照人们的心灵世界。"知其不可而为之"(《论语·宪问》)所彰显的精神实质,是对理想的坚信不疑,是对天下由"乱"入"治"并不断趋向美好的信心,是对先王圣贤之道如仁心、礼乐等将继续作为后世道德规范和做人标准的信心。"为之",就是以"教化"的方法,为理想播种,求心

灵共鸣,引领大家过一种更文明、更高尚、更优雅的生活。按海德格尔的话说,就是人要追求诗意的"存在",而不是平庸地"活着"。

加缪笔下的西西弗斯,也是一个"明知不可为而为之"的典型。诸神为了惩罚西西弗斯,让他不停地将一块巨石推上山顶,巨石因自身的重量又滚回山下,于是西西弗斯日复一日地从头开始,仍在干着推石上山的苦力。这样一种无效无望的劳动,被公认为最严厉的惩罚。但加缪认为西西弗斯是"幸福"的,他是一个"荒诞"的"英雄"。这种幸福,来自西西弗斯藐视神明、高扬个人的强大意志;来自西西弗斯付出重复劳作的惨重代价所换来的对生活的激情,他在"起伏的山峦、奔腾的大海和大地的微笑"中生活了多年,充分享受了属于个人的自由;来自西西弗斯的清醒意识,即便这一张饱经磨难的面孔几乎凝固成化石,但他在日复一日的劳作中进行着独特的人生思考,因而他的内心是充实的。他与普通工人的重复性劳作截然不同的是,他不是一个平凡的苦力,而是一个有意识、有思想的劳动者。"这块巨石上的每一颗粒,这黑黝黝的高山上的每一颗矿砂,唯有对西西弗斯才形成一个世界"(《西西弗斯的神话》)。正像加缪借俄狄浦斯之口发出的震撼人心的声音:"尽管我历尽艰难困苦,但我年逾不惑,我的灵魂深邃伟大,因而我认为我是幸福的。"

而孔子的幸福也在于,无论时势动荡还是命运浮沉,他都会肩负仁心道义,做一个弘扬先哲经义的理想主义者。"夫子之道至大,故天下莫能容"(《史记·孔子世家》)。理想的碰壁,时世的艰难,并未让君子望而却步、改变初心,"不容然后见君子",在逆境中更能彰显君子的独立品格。无论外界"容"与"不容",君子总能复归于心灵的自我完善、人格的自我塑造,仍然怀抱拯救天下的道德理想,不问安危荣辱,"知其不可而为之"。为了守护理想,君子已随时做好了"杀身成仁""九死未悔"的献身准备。

6　温故知新的学习进境

孔子特别爱学习。他自己就说过："十室之邑，必有忠信如丘者焉，不如丘之好学也。"他自信地认为，自己的特长，就是"好学"。学习，是追求仁道、进德修业的阶梯，是为人处世、增长智慧的路径，是博学多才、陶冶性情的方式。孔子自述"吾十有五而志于学"，并表示"学而不已，阖棺乃止"，他的一生，学而不厌，死而后已。

《论语》开宗明义地提出："学而时习之，不亦说乎！"《礼记·月令》有"鹰乃学习"一说。朱熹训"学"为"效"，"学"是模仿、仿效，如母鸟示范，小鸟模仿；"习"是"鸟数飞也"，小鸟自己在反复练习飞翔。学习，即边学边练，模仿与实践相结合。"性相近，习相远"，人之所以有不同的人生境界，主要是学习拉开了彼此的差距。

至于"时"，何晏《论语集解》引王肃观点认为，"时"即按时复习，从不懈怠，所以能享受到学业精进"不亦说乎"的乐趣。孔子对学习有一种独特体验，叫作"学如不及，犹恐失之"，学习犹如灵光一闪，如果不及时抓住，可能就再也捕捉不到这样的灵感了。

学习所含的"学"与"练"的双重意义，也开拓了"学以修身"和"学以致用"的两种路径，这便是孔子说的"为己之学"和"为人之学"，发展为后来的义理学派和事功学派。"君子学以致其道"，孔子一直以更高的精神站位，选择学习的方向。当弟子樊迟要求学习种粮种菜时，孔子就说"吾不如老农""吾不如老圃"。孔子自身的学识修养，已经达到了令人"仰之弥高"的程度，但他仍然特别重视学习，认为"好仁不好学，其蔽也愚；好知不好学，其蔽也荡"，即便品行才能优秀者，如果不爱学习，也会显得愚鲁和轻浮，显得美中不足。

孔子及其弟子"志于道，据于德，依于仁，游于艺"，主要学习《诗》《书》《礼》《乐》《易》《春秋》"六经"等文献典籍，"礼、乐、射、御、书、数""六艺"等实践技能，即"大艺"和"小艺"。具体而言，又有"文、行、忠、信"四教和"德行、言语、政事、文学"四科。博学而不局限于一科一术，所以"君子不器"，专深而不散漫于无边无际，所以"学有专攻"，博中取约，专而多艺。孔子自己"足蹑郊兔，力招城

关",文武双全。《诗经》"三百五篇,孔子皆弦歌之",在齐闻韶乐,竟"三月不知肉味",他具有很高的文学和音乐造诣。

孔子历来主张"知之为知之,不知为不知",在学习态度上诚恳谦逊、心无旁骛、持之以恒。他自己学无常师,择善而从。他强调"学而不思则罔,思而不学则殆",在学习中默而识之,不耻下问,多闻阙疑,学思结合,并做到举一反三,温故知新。他倡导"知之者不如好之者,好之者不如乐之者",乐学善学,交游切磋,优势互补。

孔子及其弟子以"博学之,审问之,慎思之,明辨之,笃行之"的学习姿态,为我们树立了学习的典范,同时也开创了薪火相继的师承传统,这就是后人所津津乐道的"学统"。

6.1 学而不厌,诲人不倦

子夏曾向孔子汇报自己学习《尚书》的心得,认为此书像日月星辰那样明亮璀璨,给自己以极大的精神指引。即使是隐居在黄河济水之间、深山幽林之中,住着土屋茅棚,也会经常弹琴鼓瑟,以抒发其中的先王之道,忘怀自己的清贫生活,不管身边有人没人,都不会改变快乐的心情。因为在《尚书》中读到了尧舜的美德和三王的道义,从而明白了人生的意义和价值,恍然不觉自身的忧患与生死。(《孔丛子·论书》)孔子虽然听了之后,说子夏还只是了解到《尚书》表层含义的美好,还没有深入地窥见其中蕴含的义理,却非常欣赏子夏沉浸、陶醉于经典之中的学习态度。

钱穆引用孔子的原话"三年学,不志于谷,不易得也",以论证孔子的学习不是为了求得一份职业、获得一份谷禄而展开的,他不是将学习作为一种谋生手段,也不仅仅是进行知识上的积累,而是要学习其中的道义,探寻其意义之所在。(《孔子传》)所以孔子在学习上特别投入,发愤忘食,他学习礼乐就达到了"礼乐斯须不去身"的程度。

陈来进一步探讨了孔子的好学精神。"十室之邑,必有忠信如丘者焉,不如丘之好学也",这句话表明,有忠信之德者不少,但"好学"之人却不多见。忠信乃春秋时代最重要的德行之一,在整个道德谱系中,"好学"地位未必比"忠信"更高,但孔子却把"好学"看成是比"忠信"更难能可贵的一种品质。在众多弟子中,孔子认为颜回之外"未闻好学者也",只认可颜回一个人"好学",这也是对"好学"品质的情有独钟。(《〈论语〉为什么以"学而时习之"开篇》)我们认为,"忠信"就人的道德品质而言,是"文、行、忠、信"四教的重要学习内容,"好

学"就人的兴趣爱好而言,是指学习的态度和精神,不应归于道德谱系,因而两者难以比较。不过,陈来认为"'好学'是孔子思想的一个具有核心意义、基础性的观念",还是很有道理的。将"学而时习之,不亦说乎"置于全书之首,其意在于,对于好学的人来说,学习始终是一件快乐的事,反之,如果在学习中感觉不到乐趣,就算不上一个真正的好学者。陈来还认为,"学而不厌,诲人不倦",既体现了一种"对学习活动的无条件的喜爱",又在"学"与"诲"之间,体现出"中国文化之传续、发达",体现为文化理念、文献典籍和精神遗产的一种传承。

孔子本人就是以"学"修身、以"诲"化人的典范。《史记·仲尼弟子列传》记载,子路性格粗鲁,耿直率真,喜欢武功。他曾经头戴雄鸡形状的冠帽,佩着公猪形状的徽章,以活脱脱一个古惑仔的打扮,前去"陵暴"孔子。孔子以礼相待,稍作启发,子路便回家换了儒服,立下军令状,通过孔子门生的疏通,表示愿追随孔子学习。《孔子家语》中"子路初见"的记述,可以作为《史记》的互文印证:子路认为南山之竹不揉自直,砍作箭杆洞穿牛皮,这是天然所赋,并非学习所得。孔子因势利导说,给箭尾装上羽毛,将箭头打磨锋利,不就可以射得更准穿得更深么？子路听后大为折服。《说苑·建本》中也有类似记述,这段史料是孔子与子路的"初见",还是子路从师之初的问学,尚待稽考,但孔子循循善诱,以理服人,以文化智慧化人,于此可见一斑。

6.2 仰之弥高,钻之弥坚

孔子在好学乐道方面堪称典范,无人能够望其项背,孟子希望自己的一生"乃所愿,则学孔子也"(《孟子·公孙丑上》),连孔子的得意弟子、被认为是好学第一人的颜回,对孔子都感到望尘莫及。颜渊喟然叹曰:

> 仰之弥高,钻之弥坚,瞻之在前,忽焉在后。夫子循循然善诱人,博我以文,约我以礼,欲罢不能。既竭吾才,如有所立卓尔。虽欲从之,末由也已。(《论语·子罕》)

颜渊感慨的是:老师所阐发的人生哲理,令人肃然起敬。那种高远的目标,越仰望,越追求,越觉得它崇高,越觉得它能够提升人的精神境界;越钻研,越细心体会,越觉得这些道理坚实周密,浑

厚深沉。老师的指点，循序渐进，善于诱导人的思想，用文化来开拓我的视野，用礼仪来规范我的言行。这样的学习方式引发了我的兴趣，激起了不可遏止的求知欲望，甚至是一种学习的狂热，想要放弃都不可能，否则就会变成一种无法忍受的痛苦。虽然使尽浑身解数，还是不及老师的水平，老师的思想还是卓立在面前，无法超越。于是我就想追随他，亦步亦趋地学他的人格和学养，又苦于找不到合适的方法和路径。

在颜回心中，老师的形象越来越高大，师生的感情距离或许越来越近，但学识距离却越拉越远。其中"瞻之在前，忽焉在后"历来是解读的难点，主要有"孔子之道"和"颜回之学"这两种见解。

学界一般解作孔子学问渊深莫测，"不可捉摸"，神秘飘忽（杨伯峻《论语译注》）。此即自王充开始所持的观点："此言颜渊积累岁月，见道弥深也。"（《论衡·恢国》）皇侃认为孔子学问博大无边，高不可攀，深不可测，不是用力就能得其精髓的；邢昺指出，这是"言夫子之道高坚不可穷尽，恍惚不可为形象"；江熙也表达过类似的看法，"欲齐其高，而仰之愈邈；思等其深，而钻凿愈坚；尚并其前，而俯仰尘绝"，即认为这是形容夫子之道深奥飘忽，不易把握，需要加倍刻苦地去学习和思考。

也有学者联系"仰之弥高""所立卓尔"等形容老师崇高理想无法企及的词语,提出了另外的思路,推想出"此章是颜子自言其学圣之功"(王夫之《读四书大全说》)。"瞻之在前,忽焉在后",是颜回追赶老师励志向学的诚惶诚恐的心理,而不是悬空虚拟孔子之道飘忽的形影。戴望认为治学容易过犹不及忽前忽后,难以达到适中状态;朱熹也说过:"此颜渊深知夫子之道无穷尽、无方体而叹之也。"这是颜回感叹自己赶不上、进不去的迷茫。而朱熹还有一句话,对此阐释得更加深切著名、透彻清晰,"只是做来做去,只管不到圣人处"。夫子可以作为好学的标杆,令人奋发向前,但他所达到的境界高度,令人始终难以逾越。正像刘宝楠所说:"瞻之在前,谓夫子之道若可见也;忽焉在后,谓终不可见也。"当然,颜回不会因为对老师崇高形象的仰望而导致自卑情结,反而因为老师的难以超越,激发了见贤思齐、增加人生时间密度的深刻认识。

6.3 博学笃志,切问近思

孔子知识渊博,因此经常有人请他释疑解惑。《国语·鲁语》记载,鲁国的季桓子挖井,挖到了一个土缶,里面有只羊。向孔子询问究竟,孔子

回答,山中之怪叫"夔"和"魍魉",水中之怪叫"龙"和"罔象",地下出土的怪物,叫作"羵羊"。还有一回,凶猛的鸷鸟纷纷在陈国宫廷前落下死去,身上被楛木做的箭洞穿,箭长一尺八寸,箭头由青石打磨而成。陈惠公不明所以,派人前去请教当时栖身陈国的孔子。孔子说,这是北方肃慎氏的箭。当年周武王将长女许配给分封在陈国的虞胡公时,肃慎氏曾进贡此箭。

《孔子家语·辩政》记载,齐国有只独脚的鸟落在朝堂,舒展着翅膀跳跃。齐景公感到非常奇怪,便派使者到鲁国请教孔子,孔子说,此鸟名叫"商羊",童谣里有"天将大雨,商羊鼓舞",齐国即将应验,应该紧急动员百姓修筑沟渠,以防水灾。不久,大雨滂沱,诸国被淹,而齐国却有备无患。齐景公赞叹道:"圣人的话,说得真准。"

《说苑·辩物》记载,楚昭王渡江时,遇一物,大如斗,彤红滚圆,直撞王舟,跌落在船中。楚昭王大吃一惊,派使者请教孔子。孔子介绍,此果名叫"萍实",可以剖开来吃,味道甜美,而且这是"唯霸者能获"的吉祥之果。

《韩非子·外储说左下》记载,鲁哀公问孔子:传闻古时候的怪兽"夔"只有一只脚,果真如此吗?孔子回答说,并非如此。夔性格暴戾,所以人们都不喜欢它,但它能够避免别人的伤害,原因只有一个,就是守信。于是人们说,只要有这个优点就足够了。正确答案是"独此一,足矣",而非"独此,一足也"。

孔子的"博学",于上述事件中可见一斑。"笃志"的"志",在古代与"识""记"相通,《论语·述而》即有"默而识之""多见而识之",《白虎通》引作"志"。朱熹说:"圣贤之言,须常将来眼头过,口头转,心头运。"(《朱子语类》)如此非用心"笃记"不可。孔子的渊博,得益于博闻强识的好学精神,得益于遍搜典籍的好古情怀,也得益于明辨深思的学习习惯。

在学习方法上,"博学而笃志"是基础,是修为,"切问而近思"是锤炼,是升华。何晏指出,"切""近"的含义与"泛""远"相对。真德秀解读为:"切问,谓以切己之事问于人也。近思,谓不驰心高远,就切近者而思之也。外焉问于人,内焉思于心,皆先其切近者。"在他看来,"切己""切近"之事在学习中具有优先地位,因此排除了大而无当的泛泛之问和好高骛远的空想之思。所以,"切问近思"就是废虚就实,就是质疑深思时具有"针对性",以问题意识为导向,实现向外"问"人与向内自"思"的统一。刘开将"切问"解作"切切偲偲"之

切,即恳切之意,不是率性随意地"问"和"思",而是详细周密之审问,释疑解惑之精思。

6.4 述而不作,信而好古

学人对"述而不作"的误读由来已久。不少人望文生义、以讹传讹地理解为"述"是口头讲述,是聊天,"作"是书面写作,是著作,于是认为孔子只会口述思想不会著书立说。直至周远斌在《"述而不作"本义考》中引罗根泽的观点,即战国之前无私人著述之事(《诸子考索》),才否定了将"作"解释为"创作""写作"的谬见。

当然,"述"也不是聊天式的口头讲述那么简单,《说文解字》解"述"为"循",是遵循、继承的意思,郑玄、皇侃就认为孔子没有新制礼乐而是承袭前贤。李零曾将"述而不作"翻译成大白话,就是"只继承延续,不创造发明"。而在这一基本释义的前提下,又分两条不同的阐释思路:

一是在传统文化体系中,存在"圣人作,贤者述"的等级序列。《礼记·乐记》说:"故知礼乐之情者能作,识礼乐之文者能述。"钱穆认为"孔子有德无位,故但述而不作"。而朱熹一方面承认"圣作贤述"的客观事实,"述,传旧而已。作,则创始也。故作非圣人不能,而述则贤者可及","孔子删

《诗》《书》，定礼乐，赞《周易》，修《春秋》，皆传先王之旧，而未尝有所作也"，另一方面又强调孔子在"述"方面的文化贡献："夫子盖集群圣之大成而折中之。其事虽述，而功则倍于作矣。"虽然是"述"，却是"集群圣之大成"，其文化价值远胜过"作"。

二是孔子的"述"，是"祖述尧舜，宪章文武"，认为圣人创立的经典承载着天地之道，承载着儒家的"永恒的乡愁"（徐复观《中国艺术精神》），所以要"我注六经"，还原经典文本的原初意义，将其中的微言大义彰显出来，并达到精准、清晰、系统的要求。黄式三的说法，颇能得其中神韵："作者，创人所未知。述者，昔有之而今晦之，为之祖述以明之也。"（《论语后案》）孔子始终以弘扬经典为己任，通过对经典的考订完善，使之"深切著明"、深入人心。也有学者根据《论语·卫灵公》"吾犹及史之阙文也"这句话，认为这是"述而不作"的另一种谦辞表达法。中国治学，历来是"古之良史，于书字有疑则阙之，以待知者"，所以，"不作"，是谨言慎行不妄生穿凿的意思。"述而不作"，就是对经典充满敬畏之心，务必遵循本义、精准还原。

《中庸》曾提及"述而不作"在孝道方面的表现，"父作之，子述之"（第十八章）、"夫孝者，善继人之志，善述人之事者也"（第十九章）。美国学者

余纪元将"父作子述"与"圣作贤述"进行类比,指出"父亲作/儿子述"与"天和圣贤作/孔子述"具有文化同构的意蕴(《"述而不作"何以成就孔子》),孔子是以"三年无改于父之道"的"孝"的精神,去继承与弘扬圣人之道。

不过,孟子和司马迁都曾以孔子晚年"作《春秋》"而认为孔子提供了新的道德准绳,"《春秋》之义行,则天下乱臣贼子惧焉"(《史记·孔子世家》)。也有学者从阐释学角度出发,引用伽达默尔的观点,认为"过去的概念"与"现在的自己"已经包含在"历史的思维"中,每一种解读都是熟悉与陌生的综合,不能将"述"与"原创性"进行完全的对立。如史华慈(Benjamin I. Schwartz)就指出:"孔子不仅是一个述道者,他可能也是一个创造者。"孔子在修订完善经典著作的过程中,不仅是严谨的编辑,"其本质是寓作于述,以述为作"(周光庆《中国古典解释学导论》),也必然会赋予经典新的内涵,在"集大成"中丰富和发展经典的思想。

王国维在《汉以后所传周乐考》中,还涉及"述而不作"在音乐方面的情形。《诗经》的流传,分"诗"和"乐"两大流派,诗家传承其中的"义",有齐、鲁、韩、毛四家,乐家传承其中的音律,出于古太师氏。"乐家之诗，惟伶人世守之"，"宋家之诗"，靠音乐艺人世世代代的传承和守护。当子贡向师乙请教的时候，师乙"专以其声言之"，只用音乐表达。师乙告诉子贡："乙，贱工也。何足以问所宜？请诵其所闻，而吾子自执焉。"（《乐记·师乙》）只弹琴唱歌给你听，让你自行领悟和选择，并不另加发挥。孔子的"述而不作"也是如此，出于对圣贤经典的尊重，"信而好古"（《论语·述而》），谨守所闻。他做的所有工作，只是让经典变得更加明澈和美好而已。

7　唤醒善性的孝悌伦常

"百善孝为先","孝悌仁之本"。

道德以仁爱为核心,仁爱以亲情为缘起,亲情以孝悌为根基,王阳明就曾将"孝"比作"仁"这棵大树的树根。"孝"是对生命本源的敬重,谁又能不饮水思源,追怀和感恩父母的养育之情呢?"哀哀父母,生我劬劳""抚我畜我,长我育我"(《小雅·蓼莪》),就是这种朴素情感的自然抒发。

孝,《尔雅·释训》的定义是"善父母为孝",《说文解字》解释为"善事父母者。从老省,从子,承老也",取善待父母、顺承长辈的意思。而美国学者安乐哲和罗斯文认为,甲骨文中"老"字的最初形态,是一个留着长发、拄着手杖的老人,将"老"字与"孝"字比较,会看到一个青年的形象,已经替代了手杖的位置。因此,"孝"无疑象征着"老一代从其后裔获得有益的支撑",同时又意味着年轻一代借以转变和成长为长辈们所期望的"既崭新又持久的生命",老一辈就是通过后代的"支撑"和"成长","无论在肉体上还是在精神上都获得了不朽"。([美]安乐哲、罗斯文《〈论语〉的"老":儒家角色伦理与代际传递之动力》)

曾子将孝道分为三重境界:"孝有三,大孝尊亲,其次弗辱,其下能养。"(《礼记·祭义》)最低层次的孝,是不辞辛苦地侍奉父母以报答养育之恩;中等层次的孝,是崇尚和践行仁义,始终不让父母蒙羞受辱;最高层次的孝,是把敬爱父母的感情推及普天下的黎民百姓,仁爱天下,让父母因为自己而得到天下人的尊重。

《论语》言及孝道,必令父母生活无忧、心情愉悦,"今之孝子,是谓能养","事父母,能竭其力"。由于父母关心孩子,无微不至,因此为人子者理应从骨子里体察父母之心,谨守其身,不妄为非,不让父母担心自己的身体和命运。即便父母有过错,也要和颜悦色,"柔声以谏",尊敬不违,劳而不怨。正像孟子所言,"孝子之至,莫大乎尊亲",而尊亲表现在父母去世之后,便"丧则致其哀,祭则致其严",三日而食,居丧三年,且"无改于父之道",以表达自己的哀戚怀念之情。

曾子说"慎终追远,民德归厚",孝道作为社会伦理的共同价值观,有利于形成淳朴的民风,也特

别能激起大家的共鸣。"羊有跪乳之恩，鸦有反哺之义"，人非草木，又孰能无情？

7.1 孝悌为仁之本

孔子所处的时代，大家公认"孝"是仁德之本，也是治国之本。《吕氏春秋·孝行》说："凡为天下治国家，必务本而后末。"又说"务本莫贵于孝"，如果有一样东西可以让"百善至，百邪去"，那就只有"孝"了。朱熹说"本"是"根"，何晏说"本"是"基"，只有孝道的根基稳固，"仁"的大树才能根深叶茂，道德也才能开花结果。在这个问题上，俞樾说得更透彻："所谓仁者无他，人人亲其亲，长其长而已。"（《论语平议》）仁爱的源头和本质，就是"亲亲"的孝道。

本节我们重点讨论"亲亲相隐"事件。

> 叶公语孔子曰："吾党有直躬者，其父攘羊，而子证之。"孔子曰："吾党之直者异于是：父为子隐，子为父隐。直在其中矣。"（《论语·子路》）

其中的"直躬"，孔安国解释是一种"直身而行"的性格和行为，而《庄子·盗跖》有"直躬证父，尾生溺死,信患也"之说,《吕氏春秋·当务》中也有"楚有直躬者,其父窃羊,而谒之上"的记载,高诱为《淮南子·氾论训》作注时说:"直躬,楚叶县人也。躬盖名,其人必素以直称者,故称直躬。"高诱论证"直躬"是一个人名,因为性格率真耿直而著称。故事的关键在于:父亲攘羊,到底是应该"证之",还是"隐之"? 到底什么才叫作品德正直?在这里,我们暂且不论"证"是主动告发还是被动做证,需要追问的是:当孝道遇到法律,又该何去何从?

这个故事到了《韩非子·五蠹》中,却有了新的发展。直躬告父,令尹直接发出指令:"杀之!"叫人杀掉了这个儿子,认为一个人连父亲都会告发,还有什么坏事做不出来? 对君王的正直却是对父子关系的扭曲,君王的忠臣反倒成了父亲的逆子。韩非子作为一位法家,讲述这个故事,意在表明公私不两立,以孝道为标志的私权的存在,将会妨碍司法的公正性。

而《吕氏春秋·当务》讲述这个故事时,又注入了新的内涵。直躬向楚王揭发其父窃羊,楚王派人抓走他的父亲准备处死。直躬又去要求代父受刑。临刑之际,他告诉执行官说,自己是一个又诚实又孝顺的人,这样的人如果都要杀,就是对社

会美德的颠覆，人们就不再相信社会的伦常道德。楚王听后就没有杀他。孔子评价直躬借父亲攘羊沽名钓誉，故"直躬之信不若无信"。在这里，孔子仍然是推崇孝道的，他认为当人得知亲人犯了错误遇到危险，第一反应就是挽救和保护他，所以帮他"隐"，这是发自内心的人性之爱，这是真情实感流露出来的"直"，所以叫"直在其中"。

孟子面对弟子桃应的提问，为了说明孝道的根本性与原发性，他干脆举了圣人舜这个例子。舜的父亲瞽叟杀了人，法官皋陶逮捕了他，面对做天子和做孝子的冲突，舜毫不犹豫地就让孝子超越了天子，"舜视弃天下犹弃敝屣"（《孟子·尽心上》），把抛弃天子之位看成是扔掉一双破鞋一样，偷偷背上父亲逃到天涯海角，终身快乐逍遥，忘记了自己曾经贵为天子。在这里，孟子强调了孝道具有无可比拟的崇高性。

相比之下，石奢就没有这么潇洒。据司马迁《史记·循吏列传》记载，石奢是楚昭王时的一位相国，一贯公正清廉，刚正不阿。一次他路遇杀人案件，一路追捕，却发现凶手竟然是自己的父亲。于是他放走了自己的父亲，回来囚禁了自己。他认为若惩治父亲来谋取政绩，这是对父亲不孝，如果徇私枉法纵容犯罪，又是对楚王不忠，所以"臣罪当死"。他让人将这一想法告诉了楚王。楚王没有责罚他。但石奢自己过不了这个坎,他在忠孝难以两全的困境中无法自拔,终于自刎而死。但是他的自杀,并不意味着解开了忠与孝、法律与亲情、责任与恩义的千古困局。

这样的故事原型,在古希腊也有。苏格拉底的《游叙弗伦》也讲述了一个父亲杀人,儿子是否控告的困境故事。游叙弗伦的家里有位仆人因酒醉盛怒而与另一位家仆发生争执并杀死了对方,游叙弗伦的父亲就将凶手的手脚绑缚起来扔进沟里,再差人去雅典询问神灵该如何处置。由于饥寒交迫,加之被手铐脚镣束缚,凶手在神灵回应前就死了。在这种情形下,游叙弗伦要不要控告他的父亲杀死了那个凶手?游叙弗伦的原先观点是必须控告,因为杀人是对神的大不敬,对不敬事实的控告,就是基于对神的虔诚。苏格拉底就与游叙弗伦展开讨论,他认为虔诚的问题就像善与恶等问题一样,不是用数学公式就能够解决的,在没有将"虔诚"定义清楚之前,如果自作聪明贸然去控告父亲,就无法判断父亲是有罪还是无辜,自己是虔诚还是渎神,是正义还是忤逆。([美]孙霄舫《其父攘羊——孔子与苏格拉底》)

这一系列"亲亲相隐"的故事,虽然未必可以

用"法大于情,还是情大于法"的问题去囊括,但法理与人情之间的冲突与纠葛还是十分明显的。郭齐勇曾编有《儒家伦理争鸣集——以"亲亲互隐"为中心》一书,汇集了当代学者的各家观点,可供参考。这里试从哲学、伦理、法律三个维度综述之。

就哲学层面而言,西方哲学历来有"人是理性动物"之名言,虽然另有人文主义和经验主义的传统,视"同情"为道德的共同基础,但这种道德情感仍被康德的形而上学排除在道德理性之外。而儒家哲学从一开始就切入人的存在问题,赋予情感以特殊意义。在儒家看来,人首先是情感的存在,换言之,"人是有情感的动物",情感是人的最基本的存在方式。人之所以为人,首先是有人情味。情感的存在决定了人存在的意义和价值。情感对于人的其他活动具有重要影响,甚至是发挥了核心作用。(蒙培元《人是情感的存在——儒家哲学再阐释》)而"孝"是人的最基本的真实情感,也是最本真、最自然的情感,是人的"天理良心"。因此,朱熹说:"父子相隐,天理人情之至也。"

就伦理层面而言,对一个社会来说,家庭是细胞,亲情是基石,儒家治国,就是建立在"齐家"的基础上的。从表面看,允许"亲亲相隐"或许会对受害人造成不公;但制裁亲情的法律,却会破坏道德伦常,从而破坏社会的细胞,毁掉社会的基石,其结果将带来更大的负面作用。因此,孔子主张"亲亲相隐",并非为了隐瞒犯罪行为本身,而是通过不公开宣扬亲人的过错,体现出对亲情的维系、对家庭的保护,而这与现代社会的法治精神恰恰是高度一致的。(黎红雷《"直躬"的故事——〈论语·子路〉"叶公语孔子"章人物辨析》)可见,孔子并不是为"犯罪者"代言,而是对人性乃至人类文明的自觉保护。

就法律层面而言,春秋战国时期,法律赋予"亲亲相隐"以伦理上的正当性,秦律即有规定:"子告父母,臣妾告主,非公室告,勿听。而行告,告者罪。"(《云梦秦简》)在古罗马,虽然允许当亲属对自己的人身或财产造成伤害时提起诉讼,但当时的罗马皇帝查士丁尼还是废止了那条强制父亲向受害人交出犯罪子女的严峻法律条文。(《法学总论》)法学界认为,要禁止容隐之法,必须符合两个前提中的至少一个:一是绝大多数人在家国矛盾中能够舍亲为国;二是在亲属遇到紧急危险时,除了隐匿,还有其他适法行为可以帮助其亲属。事实是这两个前提都无法满足。再进而讨论:禁止容隐法能对社会产生怎样的威慑力?我

们根据态度将人分成五类:(1)大义灭亲;(2)冒险救亲;(3)心存侥幸;(4)怕惹官司;(5)卖亲求荣。禁止容隐对第(1)类人毫无意义,而第(2)(3)类人居多,他们即使被禁止也照匿不误。第(4)类人选择不隐匿还需基于三个前提:一是确信隐匿无用,司法必会查出亲属之罪;二是认为亲属会供出自己的隐匿行为;三是认为的确不值得为亲属去承担风险。但在亲属遭遇危险的紧急关头还能想到这三点的"冷静""聪明"人毕竟太少。第(5)类人应该不属于法律鼓励的人格类型。(范忠信《容隐制的本质与利弊:中外共同选择的意义》)因此,第十三届全国人民代表大会常务委员会第六次会议于 2018 年 10 月 26 日通过了《中华人民共和国刑事诉讼法》修正案,其中第一百九十三条规定:"经人民法院通知,证人没有正当理由不出庭作证的,人民法院可以强制其到庭,但是被告人的配偶、父母、子女除外。""除外"这一规定表明,亲属在案件审理中可以拒绝作证。美国的现行法律也是如此,若是一个人的父亲偷羊或杀人,子女并无控告的义务,甚至不必要做被害人和检察官的证人。可见,法律也不再强求"大义灭亲"。

"法律不外乎人情",法律是以人性人情、伦理道德为立法依据,也是以呵护人性、维系道德为司法目的。法律的初衷,就是为了维护社会的稳定和安宁,因此,它就必须保护人性,保护家庭,保护亲情。法律的目的,必然是营建一个家庭和睦、秩序安定的社会,而绝非走向它的反面,去塑造一个亲人反目、骨肉相残的世界。法律与人情并非天然地对立,相反,在构建与维持社会的伦理秩序上,却是殊途同归。所谓"法不容情",是指不容许私情损害公法,一旦形成法律,即具有普遍约束力,任何人不得违犯。

因此,孔子"亲亲相隐"的命题显然有其脆弱性。为亲而隐,按"仁"的理念,应该推己及人,以天下人为亲人,为天下人隐,不告自己的亲人,也不能告天下人,这样就会推出有案不报的荒诞结论。而且孔子在法律的平等性、普遍性、权威性和全覆盖的规则中,圈出"亲亲"乃至"父子"的特殊地带,这不仅与仁的"推己及人"含义相抵触,还将引发出"亲戚""哥们""闺蜜"等一系列绵延不尽的关系讨论,并隐伏着借亲情之名滥用私德和特权的风险,从而使"亲亲相隐"陷入法律—伦理的两难困境,导致了千年聚讼。所以,孔孟时代以"孝"至上的伦理观念遇上现代的法治社会,必然有许多难以理解、调和、适应、相容之处,争议在所难免。

即便如此,孔子明知其脆弱性与后遗症,仍坚持"亲亲相隐",认为人伦孝道不可毁,立法执法也要保护亲情爱心,道德才能挺立,人性才有尊严,社会才有温度。其当代启示就在于:在遵守法律的前提下,尊重人性,给天下人留下道德的火种,人类才不至于沉沦。

不过,保护亲情爱心,并非徇私枉法,扭曲法律。在古代,亲情之间互不相害,但案件仍交由司法调查和审判,扬善惩恶并无例外,情与法可以两全其美。而现代,"天网恢恢,疏而不漏",在高科技支持下,罪犯无处遁逃。亲人若相爱相救,就要启用劝亲自首情节,争取法律宽大处理。劝亲自首,爱在其中。所以,当法律遭遇亲情,理应尊重人性,服从法律。

7.2　入则孝,出则悌

孟子说:"尧舜之道,孝悌而已。"可见,"孝悌"是圣人之道的本质内涵。朱熹对"孝悌"的界定是"善事父母为孝""善事兄长为悌",据于省吾考释,"弟(悌)"的本义是"缠绳于戈"(《甲骨文字释林·释戈·弟》),含有捆绑在一起不可分割的意思。而《论语·学而》所言"入则孝,出则悌",指在家孝顺父母,外出兄弟友爱,但又不将孝顺和友爱分别局限于家里家外，像《论语·子罕》就说"出则事公卿，入则事父兄"，可见此处的"入"与"出"既指家庭与社会、家庭与朝堂，又是一种互文见义，指随时随地、每时每刻。

《孝经》说过："事父母，故忠可移于君。事兄弟，故顺可移于长。"我们联系"君使臣以礼，臣事君以忠"发现，"礼—忠""慈—孝""爱—敬"属于伦理同构，君臣、父子、兄弟之间构成了"长幼有序"的伦理次第序列和"爱下敬上"的心理互动关系，以及"忠""孝"互喻并向"泛爱众"迁移的趋向。《孝经》说"以孝事君则忠，以敬事长则顺"，臣忠君，如同子孝父；子敬父，如同臣事君。为人"孝悌"，就会行事柔恭，"必无犯上作乱之事"（《朱子四书或问》）。父子兄弟敦睦，人际关系和谐，这是社会秩序稳定的基础。所以，杜维明认为，儒家的自我意识在维护独立人格的同时，总是将自我价值的实现置于社会共同价值观和"友好"的人际关系中。（《儒家思想新论——创造性转换的自我》）

不过，杜维明指出儒家的"孝道"也有其悖论，按以上为尊、子顺父意的法则，就会得出"天下无不是的父母"这一结论。这与君臣关系不同，被压抑的大臣可以从正义高度"直谏"，甚至可以公开

宣布退出自己无法接受的君臣关系,但儿子在任何情况下都无法割断与父亲的联系,一个人不可能选择自己的父亲,连身体都是父母赋予自己的神圣礼物。这样的理念,显然和孝道的另一要求"规劝之""使归于正"自相矛盾。因为既然需要规劝和纠正,虽然是"下气怡色,柔声以谏",那么,天下就存在"有过失的父母"和"不合格的父母"。

其实,孔子主张的孝道,早已超越了"是"与"不是"、"合格"与"不合格"的狭隘意蕴的讨论,在道德人格与社会伦理的高度上审视"孝"的意义。所以,孔子很欣赏舜的孝悌行为,反对曾参的愚孝做法。舜在"父顽、母嚚、弟傲"的家庭环境中仍能"和以孝",用孝道促进家庭和睦。父亲瞽叟想使唤他,他总是在身边出现;但要找到他杀他时,却怎么也找不到。用小棍子打,他就挨着;用大棍子打,他就逃走。他非常机智地避开了父亲的伤害,维护了父亲的面子。而曾子(曾参)因锄断瓜秧之根被其父曾皙以大杖击打,良久后醒来,高兴地说,刚才我得罪了父亲大人,您用力教训我,自己没事吧?后回房弹琴以示正常让父亲放心。(《孔子家语·六本》)孔子对曾参此举非常生气,认为曾参"委身以待暴怒",即使打死也不躲避,这样做的结果是自己死了还要"陷父于不义"。所以,真正的孝,在尊敬、恭顺的同时,还须时时刻刻替父母着想。

7.3 父母在,不远游

孔子说:"父母在,不远游,游必有方。"(《论语·里仁》)即体察父母的爱己之心,父母如果找不到自己会忧心如焚,所以"不远游","游必有方"。皇侃解释,"方"为"常",即常去之所。如果出行,必告知父母自己常去的地方,便于双亲有事召唤。告之在东,必不敢变更往西。"子能以父母之心为心,则孝矣",将心比心,忧父母之忧,乐父母之乐,才算真正的孝子。孝子应深刻体悟父母行为的最深处是爱子之心,"父母唯其疾是忧",所以要爱惜自己的身体,端正自己的行为,少让父母为自己操心。

子夏曾向孔子请教"孝"的问题,孔子解释说,所谓孝,表现在三个方面,即:"色难";有事情,年轻人多效力;有酒食,年长者先享用。(《论语·为政》)这句话的难点在于"色难"二字,历来学界有分歧:包咸、何晏、邢昺的主张是"承顺父母颜色乃为难",看父母脸色行事很不容易,其中的"色"指父母脸色;郑玄、孔颖达、朱熹的解释是"和颜悦色,是为难也",子女在父母面前总是表现出愉悦

的神情比较困难,其中"色"指子女神色。裴传永有一新说,认为"难"通"戁",有恭敬之意,色难即神情恭敬(《〈论语〉"色难"新解》),但《论语》中22处之"难",并无解作"敬",而多训作困难、不易。裴氏所引的《诗经·商颂·长发》中"不戁不竦,百禄是总"的例文,其中"戁"是怯懦之意,也与敬重父母的含义相差甚远。所以,以"敬"释"难",依据不足。

戴望《戴氏论语注》引用的一段话对我们较有启发:"文王之为世子,朝于王季,日三问内竖今日安否。安,文王色喜;有不安节,文王色忧,行不能正履。此所谓'色难'是矣。"父亲安泰,文王"色喜";父亲不安,文王"色忧"。周文王始终以父亲是否安心为虑,既然有"色忧",就不可能全是"和颜悦色",这也自然否定了子女和颜悦色说。孝子的神色随父母的心情、脸色而变化,这是孝道心理学的基本特征。这里的"色难",指察言观色实属不易,从父母脸色上看出其真实的心情,能够"察其所忧"和"知其所安",才能进行贴心服务。父母遇到困难,子女该出力时出力;父母安享清闲,子女就要让其充分安享自由。

崔罡认为,"色难""弟子服其劳""先生馔"三件事是总分关系,先察言观色摸透父母心理,然后根据父母的真实心意,或出力,或尊重其生活习惯让其安享。(《选择孝的方式——〈论语〉"色难"说新解》)这里的"色"仍然是父母之脸色。察言观色之难,也就是"承顺父母颜色之难",观察其"颜色—心情"的对应关系,承顺其本意,实属不易。费孝通在《乡土中国》中曾对孔子的这句话有过精辟见解:"做子女的得在日常接触中去摸熟父母的性格,然后去承他们的欢,做到自己的心安。"

8 言行一致的诚信美德

为人处世，以诚为本。

如果人要相互信赖，"真诚"是唯一途径。"诚""信"二字，在《说文解字》中属于同义互释，既指内心真诚，又指对人守信。"尔无不信，朕不食言"，表达了君无戏言的旨意；"信誓旦旦，不思其反"，传递了海誓山盟的心声。诚信是一言九鼎，是一诺千金。

诚信的力量，源自祭祀仪式上的"盟誓"。诚实获天佑护，欺罔必遭天谴，出于对天命的敬畏，人必须以诚待天。人们认为，盟誓是"告其事于神明"（《释名·释言》），经常虔诚敬神，自然而然就形成了真诚无欺的道德约束力。体察到"天"的无处不在，就会意识到即便在彼此推心置腹的私密空间，也有神目雷电。所以，以诚待人，其实就是以诚待天；"取信于神"，也要最终落实到"取信于人"。

为人诚信,是立德修身的第一道关,也是人生衣服上的第一粒纽扣。孔子说,"人而无信,不知其可也",崇尚言必由衷、言必可行,反对口是心非、言而无信。《大学》指出,"意诚而后心正,心正而后身修",真诚是正心修身的道德根基。子夏说过,"与朋友交,言而有信"。春秋战国时期,诚信这一交友准则,还被运用到外交关系中,形成了"君以礼与信属诸侯"(《左传·僖公七年》)的社会风气。为人诚信,还是治国理政的重要策略,君王以诚立国,取信于民,"善为国者不欺其民,善为家者不欺其亲"。

不过,诚信在具体实践中又有大信、小信之分,大信合乎道义,小信恪守诺言。孟子说过,"言不必信,行不必果,惟义所在",其中的"义",原指仪容的威仪,引申为高尚美好的道德标准。所以,诚信以义为本,为了追求仁义,有时候会舍"小节"而取"大义"。就像管仲,虽然中途改换门庭,但富国强兵,造福人民,这就不能用"匹夫匹妇之为谅"的眼光评价他。"谅"即"小信",不择是非、拘泥小节的盲目守信,直接导致了"尾生溺水"的悲剧。

诚信,是传统美德中最重要的品质,即使在以牟利为宗旨的商界,也讲究"临财不苟取""终不以五尺童子而饰价为欺"。

8.1　民无信不立

孔子曾经说过："人而无信,不知其可也。大车无輗,小车无軏,其何以行之哉?"(《论语·为政》)文中的"輗""軏"是车辕横木的"活栓",这是驾驭车马的关键所在,没有它,就不能平稳安全地驱车千里。就像今天倘若没有油门和刹车装置,又怎么能驾驶汽车呢? 所以,孔子借"輗""軏"的关键作用,隐喻"诚信"是立身行事的根本法则。离开诚信,人是没有办法在社会上"混"的。

诚信原则落实在言行关系上,体现为言出必行、说到做到,而对行不及言、言而无信感到羞耻。所以,孔子说:"古者言之不出,耻躬之不逮也。"古人不会轻易许诺,只怕自己口出"轻言",无法实现,失信于人。其意是在出口之前,一定要掂量一下自己在行动上能否及时跟进,在实力上有没有问题,客观条件是否具备,这件事能否真正落地。要想清楚了再说,说出来一定要做到。

子贡向孔子请教治理国政的问题,孔子提出了"足食,足兵,民信之"这三大条件。孔门弟子向来有善于提问、穷究到底的求学习惯,于是子贡进一步追问:如果迫不得已要减去两项,保留一项,又该怎样取舍? 孔子毫不犹豫地回答:"自古皆有死,民无信不立。"(《论语·颜渊》)朱熹注解说,人生难免一死,"无信则虽生而无以自立","故宁死而不失信于民"。在孔子看来,民心是比物质需求和国防实力都更为重要的立国之本。照理说,物质基础,是民生必需,国防实力,是卫国必备,这两者都是国家生存的前提。但孔子认为,真正关系到国家生死存亡的,是民心向背,而诚信才是凝聚民心的原动力。在这里,孔子并非轻忽粮食和军队对于一个国家的重要性,而是强调一个更为重要也更容易被忽视的因素,那就是以德安民,以民立国,即朱熹所说的"民信于我,不离叛也"。如果"民信之",物质财富和国防实力可以源源不断地得以创造和增强;如果失信于民,再多的物质财富,再强的国家兵力,也会在人心动荡和江山飘摇中烟消云散。

孔子还和子张探讨过如何在社会上立身行事受人欢迎的问题。孔子认为:"言忠信,行笃敬,虽蛮貊之邦,行矣;言不忠信,行不笃敬,虽州里,行乎哉?"(《论语·卫灵公》)言语真诚,行为恭敬,即使远赴南蛮北狄这样的异域他乡也能畅通无阻,否则,就是在本乡本土也会到处碰壁。概括成一句话,就是:有诚走遍天下,无信寸步难行。

8.2 听其言而观其行

这一节,我们重点讨论"宰予昼寝"事件,原文兹录于下:

> 宰予昼寝。子曰:"朽木不可雕也,粪土之墙不可杇也;于予与何诛?"子曰:"始吾于人也,听其言而信其行;今吾于人也,听其言而观其行。于予与改是。"
>
> (《论语·公冶长》)

众所周知,孔子视"礼"如命,根据《礼记·檀弓上》的记述:"夫昼居于内,问其疾可也。夜居于外,吊之可也。是故君子非有大故,不宿于外;非致斋也,非疾也,不昼夜居于内。"可见在当时,君子如果不是斋戒或生病,是不可以"昼寝"于内室的,所以孔子批评"宰予昼寝",是批评他的行为于礼不合。既然昼非寝时,宰予为何明知故犯?而孔子一向有教无类,循循善诱,为何独对宰予一人如此严苛?学界对这段记载有颇多疑问,邵丹的《"宰予昼寝"正诂》(《孔子研究》2003年第2期)和区卓仪的《孔子对"宰予昼寝"之责与董仲舒"斗筲之性"思想比较》(《中山大学研究生学刊》2015年第 2 期），对此曾有详细梳理，这里试择要阐述之：

一是"画寝说"。韩愈、李翱等人认为，前人传抄《论语》时将"画（畫）寝"误作"昼（晝）寝"，孔子根据"朽木"和"粪墙"的粗劣材质，判断这样的寝室或寝庙不值得去"画"，也不可能"画"好。而宰予却偏要去试去画。

二是"丧寝说"。认为宰予居丧期间昼寝，违背了"居处不乐"的丧礼，因此被孔子严厉批评。

三是"忧寝说"。李振声等人认为，宰予多次质疑孔子，被孔子当作异端邪说批为"不仁"，他郁郁不得志，情绪低落，于是闹出一幕"昼寝"的恶作剧。

四是"昼御说"。认为宰予白日与女子同房合欢，故被当作不雅事件，宰予被归于"朽木""粪墙"等不可救药的一类人。

五是"倦寝说"。《吕氏春秋·任数》记载孔子厄于陈蔡时，一连七天只喝点野菜汤，也曾疲倦地"昼寝"。但当时的治学风气，要求夙兴夜寐，勤于学业，加之照明技术有限，要求充分珍惜白天的光阴，没有闲暇于早晨睡懒觉或午休，而孔门弟子中有人出现了身心疲惫的情况，宰予就是其中的典型。

六是"病寝说"。南怀瑾认为宰予身板弱，像

"朽木""粪墙"一样弱不禁风,所以孔子出于体谅,只好由他多休息一会,对他不提过分要求,"于予与何诛"。

七是"惰寝说"。历代经学家多将"昼寝"归于宰予学习懒惰,皇侃说是"宰予惰学而昼眠也",朱熹认为这是"言其志气昏惰,教无所施也"。宰予给人的感觉是精神萎靡,学习懒洋洋,所以孔子以"朽木""粪土"为喻告诫并深责之,警醒他不要虚度年华。孔子以君子的标准来衡量,以好学的颜回作为参照,自然不会对宰予的学习懒散听之任之。

下面,我们根据相关文献,对上述七种观点一一考辨分析。

关于"画寝说",先秦的绘画不限于彩陶帛画,壁画也随建筑而兴起(邓乔彬《中国绘画思想史》),所以,说宰予在寝室或寝庙彩绘完全可能,但是说宰予会在"朽木""粪墙"上涂鸦,画而不得其所,糟蹋自己的艺术作品,则完全低估了他的智商。可见画寝之说不可信。

关于"丧寝说",宰予曾对"三年之丧"的期限提出过不同意见,认为"君子三年不为礼,礼必坏;三年不为乐,乐必崩"(《论语·阳货》),所以学者认为"宰予昼寝"是"欲损三年之丧",因而遭到了孔子批评。且不说目前尚无史料证实"宰予昼寝"

的这段时间属于他的服丧之期,即便证实了,宰予对丧期长短的讨论并不意味着他对服丧礼仪持有异议,他不会在服丧之期不守丧礼。我们不妨再将问题推向极致,就是宰予真的不守丧礼,真的"欲损三年之丧",那行为和说法不正好完全一致吗?那么孔子何必还要批评他言行不一?可见此说极不靠谱。

关于"忧寝说",孔子一向奉行忠恕之道,"己所不欲,勿施于人",又怎么可能打压自己的弟子?而且在《论语》中,被孔子不留情面批评的弟子,远非宰予一人,如孔子说子路"好勇过我,无所取材",斥责要求学稼学圃的樊迟为"小人",号召弟子向为季氏敛财的冉求"鸣鼓而攻之",这些均未造成弟子的误解,更没有引起他们的反感和报复。"朽木不可雕""粪土之墙不可杇"不过是孔子面对学生怠惰状态而生气的愤激之辞。他对弟子的批评一贯直截了当,毫不客气,并非只对宰予一人严厉,更不意味着他将宰予视作心胸狭窄、纯恶无善、不可救药的"斗筲之人"。

后来的事实也证明了这一点。孟子曾说:"宰我、子贡、有若,智足以知圣人。"(《孟子·公孙丑上》)钱穆认为宰予利口巧辞,发挥了口才特长,实现了个人价值。而且宰予具有独立思考能力和怀

疑精神,敢于正面对孔子的观点提出异议,这在孔子学生中也不多见。宰予的语言特长、思维优势和个性,都是比较突出的。后来宰予与子贡一起,成为孔子七十二弟子中"言语科"的佼佼者,并成为孔门十哲之一。这至少证明,孔子作为严师对学生宰予的批评,并未对宰予造成伤害,所以说宰予怀才不遇,心理压抑,借"昼寝"报复老师,是难以成立的。

但也有学者根据司马迁的记载,"宰我为临淄大夫,与田常作乱,以夷其族,孔子耻之"(《史记·仲尼弟子列传》),认为将"三年之丧""宰予昼寝""与田常作乱"等事件连贯起来,宰予暴露出违礼、厌学和犯上等不良品性,难怪孔子"耻之"了。关于宰予和齐国临淄大夫阚止(字宰我)是否同属一人,历史学界尚存疑,即便证实是同一人,司马迁的记载也有误。陈恒(田常)和宰我政见不和,"杀宰予于庭,即就简公于朝,遂有齐国"(李斯《上二世书》),所以,不是宰我参与田常叛乱,而是田常杀了深得齐简公信任的宰我并弑君。宰我并非叛臣。事后,孔子斋戒三日,且连续三天入朝请求鲁哀公发兵讨齐,并说自己"不敢不言"。(《左传·哀公十四年》)孔子"耻之",是深以田常弑君为耻,而明知敌强我弱,仍强烈要求发兵讨伐,除了"君君臣臣"的伦理纲常之外,不能排除有对弟子被害的哀情与愤慨。所以说孔子对宰予感到可耻,是历史的误会。

孔子说:"吾以言取人,失之宰予。"(《史记·仲尼弟子列传》)这句话可以理解为孔子对宰予言行不一的直言,对自己以言取人的反省,但联系下文"以貌取人,失之子羽",两个"失之"的呼应,在内涵上应该是一致的肯定含义,所以也可以理解为感叹自己当年对宰予才学人品的误判。

当然,宰予在孔子众弟子中,属于比较自由、独立、随性的一位,却是事实。他曾经的"昼寝",也并没有给自己的未来事业造成太大的负面影响,倒是给后世留下了不爱学习、言行不一的不良印象。

关于"昼御说",史书中未见宰予放荡不羁的风流韵事,此事待考。但有一点可以肯定,如果宰予德行有亏,早已被孔子逐出门墙。

关于"倦寝说",如果宰予真的是夜以继日刻苦学习,偶尔倦极而眠,孔子也不会如此不近情理,大加挞伐。况且孔门弟子众多,勤学苦读者大有人在,然而未见其他人因疲倦"昼寝"而受到责备。

关于"病寝说",按照《礼记》的说法,唯有斋戒和生病,才允许于白昼入寝内室,这完全是正常的合礼的"昼寝",那孔子就没有必要使用"朽木""粪

墙"这两个充满感情色彩的贬义词,更没有必要一句接一句地加重语气,来表达他显然已经忍无可忍的心情。

关于"惰寝说",皇侃、朱熹等多家注释可以采信。宰予昼寝,不合于礼,不利于学,不践于言。"昼寝"这一表现,与《礼记》要求不符,与孔门弟子的学习精神相违,与宰予早年投入师门的好学诸言也不一致。真正令孔子生气的,不一定是"昼寝"的表面现象,而是这一行为和宰予信誓旦旦的学习决心之间的分离性,只有好听的言辞,却不见具体的行动,所以孔子说"于予与何诛",只能表示无语。譬如宰予就曾赞美过孔子"以予观于夫子,贤于尧舜远矣"(《孟子·公孙丑下》),但在行为上没有像颜回那样谨遵孔子之道,这才是孔子从"听其言而信其行"改为"听其言而观其行"的真正原因。不管宰予是当堂"伏案昼寝",还是在内室"隐几而卧",他都不是以一个好学生的姿态出现在孔子面前,虽说孔子的弟子个性各异,但宰予的行为在孔子的学生中显然比较另类。不过,孔子即使面对这样的另类学生,也没有认为他是"烂泥扶不上墙",而是在责骂声中仍然蕴含着爱之切而责之严的"恨铁不成钢"的良苦用心,激励着宰予引以为戒,发愤进取,学有所成。

通过"宰予昼寝"这件事,孔子在"言行一致"方面的严格要求,给我们留下了难以磨灭的印象。

8.3 子路无宿诺

"子曰:'片言可以折狱者,其由也与?'子路无宿诺。"(《论语·颜渊》)皇侃为这句话注疏,引孙绰之语认为,"子路行直,闻于天下",他"心高而言信",从来不说半句谎言,因此官府在断案的时候,往往以子路的话为铁证,"听讼者便宜以子路单辞为证,不待对验而后分明也。若偏信一辞,则惟此一辞出诸子路乃可也"(《论语义疏》)。这里的"片言"是指单方面的证词,"折狱"即断案。官员审案,不需要原告、被告的证词以及实地勘察的结果相互取证,而是为了"便宜",即方便起见,以子路的"片言"也就是单方证词即可断案,无须核验,但前提是"偏信一辞"的"辞"必须出自子路之口才。当然在凡事讲事实、讲依据的法治时代,即便子路的话千真万确,也无法作为法庭的唯一证供。

最有说服力的事件,是孔子厄于陈蔡时,颜回外出讨米回来煮饭,饭快熟时,他将沾了煤灰的饭粒捡来吃掉,以免浪费粮食,孔子远远望去,以为他在偷吃。当了解实情后,孔子感叹说:"所信者目也,而目犹不可信。"这就是我们说的"眼见"未

必是"事实"。

虽然子路的证词未必真能作为法律的唯一证据,但"片言可以折狱",折射出子路有"笃信之德"。而且"子路无宿诺",他对人家嘱托的事情"有闻即行","行事不稽留",不会久拖不办,而是及时回应。这样的处事方式,给人的感觉是,他将嘱托的事情记在心里,放在心上,为人靠谱,值得信赖。所以"子路无宿诺"树立了做人诚信可靠的品牌。

《左传·哀公十四年》记载,鲁国的邻邦小邾国的大夫射,将句绎这块地献给了鲁国。按惯例,接受土地时鲁国要派人与其结盟,以盟誓的形式表示接受土地,以及对该地块的百姓的生命财产做出承诺。可是射却说:"使季路要我,吾无盟矣。"用不着盟誓,我只要子路给我一句话就行。可见,子路的承诺比诸侯国之间的盟誓还要可信,当时大家公认子路是言出必践的君子。南北朝时著名文学家庾信说:"是以开百里之围,用陈平之一策;盟千乘之国,须季路之一言。"

8.4 言必信,行必果

孔子一方面强调忠信诚实,言行一致,"君子耻于言而过其行"(《论语·宪问》),同时又认为诚信首先要合乎"义"的原则,"信近于义,言可复也"(《论语·学而》),只有当诚信趋近道义的价值,其承诺才有兑现的必要。孔子提出"君子贞而不谅",即坚守正道而不是盲目守信,"守死善道"的前提是"善道","善道"才值得死守。朱熹对"谅"的注解是"不择是非而必于信",如果不分青红皂白,一味地要求守信,这只是小人的"谅",而不是君子的"信"。孔子曾指出:"言必信,行必果,硁硁然小人哉。"(《论语·子路》)"硁",坚硬的小石头,一说"硁硁"是刚劲有力的击石声,此处形容小人逼仄坚执,冥顽不灵。凡所有的承诺都要兑现,而不顾其是否遵循道义,那是茅坑里的石头,又臭又硬。

孔子赴卫国曾路经蒲地,被蒲人围困,弟子公良孺拔剑聚众,与蒲人决一死战。蒲人害怕了,提出了释放条件,只要孔子答应不到卫国去。孔子答应了蒲人,并发了盟誓。随后孔子就到卫国去了。子贡问,盟誓可以违背吗?孔子回答:"要盟也,神不听。"(《史记·孔子世家》)另一版本是"要我以盟,非义也"(《孔子家语·困誓》)。在要挟、胁迫状态下订的盟约,是可以不理不睬的。

9　如水平淡的交友艺术

"在家靠父母，出门靠朋友。"

据考，"朋友"一词最初指同族内的兄弟，《尚书·康诰》有"不孝不友"的记载，孝、友连称，表明朋友与族亲有关。其后，朋友才由"善兄弟为友"的亲人圈，衍变为"同门曰朋，同志曰友"的社交圈。

为什么要广交朋友？首先是为了壮大志同道合者的队伍，推动事业发展的力量，于是就有了"道不同，不相为谋""工欲善其事，必先利其器"的交友宗旨。"居是邦"，就是要结交贤士大夫和志士仁人，为实现人生理想打基础。其次是因为"独学而无友，则孤陋而寡闻"，所以要择善而从，见贤思齐，在交友中提升自身的道德境界和学识修养。再次是"君子以文会友，以友辅仁"，朋友之间"切切偲偲""如琢如磨"，彼此切磋，互为砥砺，相照相暖，"人生得一知己足矣"。

应该结交什么样的朋友？《论语》主张先敞开

胸怀,多交朋友,"四海之内皆兄弟也"。但在交友过程中,又不能停留于泛泛之交,应正确区别益友和损友。孔子认为"友直,友谅,友多闻,益矣;友便辟,友善柔,友便佞,损矣"(《论语·季氏》),亲近正直、诚信、博学的益友,而疏远阿谀奉承、阳奉阴违、巧言令色的损友。苏浚《鸡鸣偶记》将朋友分为"道义相砥,过失相规"的畏友、"缓急可共,死生可托"的密友、"甘言而饴,游戏征逐"的昵友、"利则相攘,患则相倾"的贼友四类,可资参考。孔子还认为,应该做到"无友不如己者"。对此,苏东坡曾有质疑:"如必胜己而后友,则胜己者亦不与吾友矣。"陈天祥也指出:"胜于己者己当师之,何可望其为友耶?"于是不少学者为慎重起见,将"如"解读为"同道""同类""相当"。其实,每个人身上都有各自的优点特色,都有别人身上所不具备的闪光点,都在某一方面值得我们学习,所以是"无友不如己者"。孔子和他的弟子就是一种亦师亦友的关系,"回之信,贤于丘""赐之敏,贤于丘""由之勇,贤于丘""师之庄,贤于丘"。(《孔子家语·六本》)

如何与朋友相处?"老者安之,朋友信之,少者怀之"是孔子的理想,以诚相待、信义为先是交友的首要原则。"愿车马衣轻裘与朋友共,敝之而无憾",是子路的志向,豁达大度、祸福与共是交友

的情感基础。"君子尊贤而容众,嘉善而矜不能",是子张的追求;"人善我,我亦善之;人不善我,我亦善之",是颜回的态度。所以,不求全责备、不猜忌怀疑、不斤斤计较的宽容心态是交友的心理法则。对于朋友的过失,一方面不要妄议人非,发人之恶,另一方面也不能隐藏自己的反感,对朋友虚与委蛇,"匿怨而友其人,左丘明耻之,丘亦耻之"(《论语·颜渊》)。朋友之间应该保留独立自由的个人空间,注意相互交往的分寸和彼此沟通的策略,"忠告而善道之,不可则止,毋自辱焉"(《论语》)。所以,孔子路遇程子,可以倾盖如故,言谈甚欢,见原壤箕踞傲慢,则"以杖叩其胫"(《论语·宪问》)。

如果我们希望人生有情意相通的四海朋友,有死生可托的二三知己,那就要远离"天下俗薄,朋友道绝",并且怀着企盼的心情等待:"有朋自远方来,不亦乐乎?"

9.1　朋友数,斯疏矣

关于朋友之间应该保持怎样的合适距离的问题,子游的回答最为著名:"事君数,斯辱矣;朋友数,斯疏矣。"(《论语·里仁》)

对其中"数"的注解,历来众说纷纭,这里试举其中主要的四种观点：一是梁武帝在《论语注》中的看法，"数"是"细数"自己的功劳，老是喋喋不休地自夸，令人厌烦；二是焦循《论语补疏》的说法，"数"和"攒"同，指"不信"，如果君王不信，大臣招辱，如果朋友不信，关系生疏；三是俞樾在《群经平议》里，引颜师古的注解"数，责其罪也"所得出的理解"数者，面数其过也"，当面指责、数落别人的过错，结果会伤害君臣之义、朋友之情；四是吴嘉宾在《论语说》中采用"数"的本义"频繁"所解释的"数者，昵之至于密焉者也"，并认为在人际关系中"疏必相思，狎必相厌"，所以最好是"君子之交淡如水"，而不是"小人之交甘若醴"。

朋友之间适当保持距离，留有独立的空间，这是维持友谊所必需的。孟子说："物之不齐，物之情也。"（《孟子·滕文公上》）因为每个人都是相互独立、人格平等的个体，拥有自己的思想和情怀，虽说物以类聚，人以群分，但彼此仍有自己的独特个性和性情爱好，再相似的两个人，也"可与共学，未可与适道"。朋友之间只能部分重合而不可能完全等同，因此，"和而不同"才是朋友交往的基础。朋友之间的认同感，也是指价值观基本一致，志趣相投，心灵默契，这并非面面俱到的趋同，更不是苟同。接受与欣赏朋友，就意味着认同与对

方的差异，欣赏对方的个性，而且在双方之间留有余地。保持一种自然、轻松的朋友关系，目的是让各人自由成长。平淡如水，才能历久弥深；关系淡而不远，亲而不腻，才能地久天长。

9.2　以文会友，以友辅仁

"君子之交淡如水"，指的是物质上的淡泊，生活上的淡雅，这意味着朋友之交，更注重的是精神上的相互勉励和相互启发。曾子的话最能指明当时交友之道的方向："君子以文会友，以友辅仁。"（《论语·颜渊》）

"以文会友"的"文"不是后代所谓诗词酬唱和文章交流，是"子以四教：文、行、忠、信"的"文"，是诗书六艺之"文"，朱熹说是"所以考圣贤之成法，识事理之当然"，刘宝楠解释为"诗、书、礼、乐也"。以文会友，就是大家共处一室，共同研读经典著作，一起探索圣贤之道，"贤师良友在其侧，诗书礼乐陈于前"，所以，以文会友是以"文"即学习经典为宗旨的，与佚游宴乐无关，舍"文"就谈不上"会友"。

"以友辅仁"的"辅"，有两种理解：一是根据"辅车相依，唇亡齿寒"，认为"辅仁"是相依为仁（潘维城《论语古注集笺》），朋友之间建立起相互仁爱的情谊；一是训"辅"为"佐"，何晏和皇侃认为

"朋友有相切磋琢磨之道,所以辅成己之仁德也",朋友之间切磋琢磨,无形之中提升了自己的认知水平和道德修养,帮助自己成就仁德。这里取后者的理解,"辅"的落脚点在于切磋砥砺。

《诗经》说"如切如磋,如琢如磨"(《卫风·淇奥》),《论语》中的子贡,就曾引用此诗形容安贫乐道中的品德修养。据程郁缀考证,切、磋、琢、磨,原指器物加工的工艺术语,"骨谓之切,象谓之磋,玉谓之琢,石谓之磨"(《尔雅·释器》),切磋琢磨之后,才成为宝器。后来比喻良师益友之间在道德学业上的相互砥砺,"知交之于朋友,亦有切磋琢磨之义"(刘昼《新论·贵言》)。在诸家论述中,朱光潜的说法最为恳切:"朋友的乐趣在相同中容易见出,朋友的益处却往往在相异中才能得到","玉石有瑕疵棱角,用一种器具来切磋琢磨它,它才能圆融光润,才能'成器'。人的性格也难免有缺陷瑕疵,如私心、成见、骄矜、暴躁、愚昧、顽恶,要多受切磋琢磨,才能洗刷净尽,达到玉润珠圆的境界。朋友便是切磋琢磨的利器,与自己愈不同,摩擦愈多,切磋琢磨的影响就愈大"(《谈交友》)。所以朱熹说:"讲学以会友,则道益明。取善以辅仁,则德益进。"

10 尽善尽美的审美理想

我们读了《论语》才知道,孔子并非满口都是仁义礼教,其实他对诗歌乐舞等艺术审美,也有自己的独到见解。

孔子提出"不学《诗》,无以言",因为当时的社交辞令就需要赋诗专对,即借《诗经》中的某句诗,贴切地传达特定语境中的应对之思,这种"掉书袋"的做法,可以显示贵族文化生活的典雅,在那样的场合,也会出现对某首诗的"徒歌"清唱。如果不熟读《诗经》,无异于面墙而立,不谙世事,寸步难行。

在《论语》中,孔子 17 次谈诗,其中 12 次涉及诗歌文本,3 次专谈其中的音乐,2 次诗乐并论,折射出当时诗乐相生、乐舞一体的艺术特征。而在上海博物馆藏战国楚竹书《孔子诗论》中,第十四简说《关雎》"以琴瑟之悦,凝好色之愿",第二十二简中《宛丘》以"洵有情,而亡望"点评"吾善之",这些都是对人类萌发的自然情爱的肯定。可见,孔子论诗说乐,并非完全出自道德教化和社交需求,也切入艺术情感和审美愉悦,《论语》中就有"《关雎》之乱,洋洋乎盈耳哉"和"子在齐闻《韶》,三月不知肉味"的记载。

孔子本人精通音律。他一听子路鼓瑟,就能判断出这只是"登堂"尚未"入室";他经常与人反复吟唱,彼此相和;他会演奏琴、瑟、磬等多种乐器,曾创作了《猗兰操》等琴曲,而且还会修订乐谱,"自卫反鲁,然后乐正,《雅》《颂》各得其所"。虽然他以《韶》《舞》等古典音乐为美,反对流行的新乐"郑声",提出"郑声淫""放郑声"主张,不像其后的蔡邕、嵇康等人,有效吸纳民谣俗乐以改良琴曲,但他提出中正平和的雅乐原则,却为音乐确立了纯正的标准。

孔子的艺术素养,助他成为情感丰富、思维灵动、举止优雅的古代圣哲。他又基于自身对艺术审美的深刻理解,认为诗歌、音乐与人的性情契合,容易激起人的兴味,所以"诗教"和"乐教"要比干瘪枯燥的道德说教,更能产生春风怡人的效果。音乐的"乐"与"快乐"的"乐",在本质上是相通的。荀子说过音乐"入人也深""化人也速",具有潜移默化、陶冶性情的功能。

孔子还提出过一个重要的理念："志于道，居于德，依于仁，游于艺。"其中"游于艺"，就是在艺术学习过程中，在"游戏"性质的快乐氛围里，获得审美的自由和快感。（修海林《中国古代音乐美学》）所以，《礼记·学记》说："不与其艺，不能乐学。"在活泼滋润的感性陶冶中，道德理性才能化作自觉自愿的情感需要。"人游于艺，如鱼游于水"，人和艺术相融相化，求仁问道才生机盎然，灵趣无穷。

当然，孔子的艺术审美，并非仅仅停留于诗歌的文字层面和音乐的曲调层面，而是深入到义理内涵和志向情操中。孔子向师襄学琴，一直说自己未得"其数""其志""其为人"，包括由曲调节奏逐渐到情感内涵，再到作曲的意图和表达的艺术方式，直至琴曲的完整艺术神韵。最后连师襄都赞叹孔子的弹奏如同文王复活，已完全抵达《文王操》的整体艺术境界。孔子在齐国欣赏《韶》乐，评价为尽善尽美，而认为《武》乐尽美而未尽善，可见，孔子的审美，不但注重艺术的形式美，而且要求艺术内蕴和表现形式的整体价值达到尽善尽美的完美。这隐喻君子的人格塑造，也应该趋向于圣贤之善，艺术之美。

10.1 兴、观、群、怨

孔子说:"小子何莫学夫诗? 诗,可以兴,可以观,可以群,可以怨。迩之事父,远之事君;多识于鸟兽草木之名。"(《论语·阳货》)在这里,孔子集中讨论了诗歌的功能,其中的"兴""观""群""怨",也是对一切艺术审美功能的总概括。

"兴",孔安国注解为"引譬连类",意思是通过某一个别的、形象的譬喻,或某一种情境氛围的创设,让人产生联想和想象,体悟到与此相关的具有普遍性的情感和社会人生哲理。朱熹注解为"感发志意",即诗歌等艺术审美,诉之于人的情感,唤起人向善的自觉。(李泽厚、刘纲纪《中国美学史》第一卷)所以,"兴"的最大的贡献,就在于否定了赤裸裸的道德说教,而发挥艺术"兴发""启发"的作用,在意象的"譬喻"和"引导"之下,人自然而然地联想到其中蕴含的道理。人不只是在理性上认知什么是"仁"和"礼",而且在心灵上认同并乐于行"仁"施"礼"。可以说,"兴"开启了艺术以"情感"和"形象"感染人的传统。

"观",周代有"陈诗以观民风"的习惯,所以郑玄界定为"观风俗之盛衰",即通过诗歌等艺术载体,考察当时社会中人的生活形态、精神内涵、情

感特征和心理状态,即朱熹所说的"考其得失""知其人之善恶"。不过,孔子所说的"观",并非完全是客观、理智、平静的观察和审视,而是伴随着情感的温度,对社会的风俗民情表达自己的情感、态度和价值观。所以孔子对"为礼不敬,临丧不哀"的现象简直看不下去,发出了"吾何以观之哉"的感叹,而对尧时代的大同世界仰慕不已,赞美说:"大哉,尧之为君也!巍巍乎!唯天为大,唯尧则之。"而王小盾根据《谷梁传·隐公五年》"常事曰视,非常曰观"的说法,认为"观"具有非同一般的特性,它是一种"仪式行为","是用相感的方式观风、观志、观盛衰"。吴公子季札在鲁国观周乐,发表了一系列充满政治附会、道德评价和神秘联想的评论,可见"观乐"是礼仪政教活动,和日常的观看不是一回事。(《经典之前的中国智慧》)而这一点,恰恰说明了当时的礼仪政教活动是和乐舞欣赏活动不可分割的,礼仪政教的理性目的是通过诗歌乐舞等感性怡情的方式来实现的;反之,观察民情,也是透过艺术的感性呈现去描述其背后的真实思想和特定心理。

"群",孔子一以贯之的主张,就是人生活在由氏族血缘关系所决定的社会伦理秩序中,是"群居"而非"独处",人不可能遗世独立,脱离社会,与鸟兽同群。所以人具有亲情以及由此萌发的仁爱之心,人与人之间当以仁爱之心相亲相爱。孔子提出"群而不党",朱熹解释为"和而不流",孔安国则用"群居相切磋"来形容"群"的关系,将情感交流和切磋学习结合在一起。其实,孔子所强调的"群",除了指向社会关系和谐之外,还有一个重要含义,就是艺术的社会功能。诗歌音乐等艺术载体可以触动、感发人的潜在的仁爱感情,引起心灵的共鸣,从而在情感上、心理上将个体陶冶成一个能担当社会责任、能与人们和谐交往、能自觉实践仁义的人,从而形成群体之间的相互敬爱与和睦相处的关系。乐舞,就是这一群体关系的最好象征。

"怨",孔子从来不要求人隐匿情感的爱与恨,更反对人在精神上自我屈辱,他明确表示"君子亦有恶",对于违背仁义的事情必须"以直报怨",即使对方是自己的君王,也要敢于直言犯颜,"勿欺之而犯之"。所以,孔安国直接将"怨"注解为"刺上政也"。孔子将臣子谏主的方式归纳为"谲谏""戆谏""降谏""直谏""讽谏"五种(《孔子家语·辩政》),说明"怨"也要讲方法、讲艺术。当然,我们认为,孔子所说的"怨"显然不止于怨上、刺上这一个层面,还覆盖所有违仁的表现。因此,当"怨"的

情感以诗歌音乐等艺术形式表现出来的时候，就具有一种特别震撼的力量。

钱锺书《诗可以怨》一文，列举司马迁"发愤之作"、刘勰"蚌病成珠"、钟嵘"托诗以怨"、韩愈"物不平则鸣"等理念，以及尼采和弗洛伊德关于"最甜美的诗歌就是那些诉说最忧伤的思想的诗歌"等观点，并联系伤春、悲秋等诗歌意象，得出古代诗歌善于抒发"穷苦之言"的结论。叶朗也认为那些表达惆怅的诗歌更具有艺术意境。而张柠认为痛苦和快乐都能产生诗歌，比如"离群"之怨与"嘉会"之乐，"怨"的心理内容与"圆"的美学形式，蚌病成珠与沧海明珠，重的风格与轻的风格，悲剧与喜剧，等等。（《诗可以乐？——读钱锺书先生〈诗可以怨〉》）傅道彬提出"诗可以怨"是在周代礼乐文化背景下产生的诗学观念，"怨"是儒家否定和限制的一种情感，"勿怨"才是儒家倡导的君子人格。因此，"诗可以怨"强调的是怨愤情感的有限度表达，应当控制在"怨而不怒"的中和之美的规范里。（《"诗可以怨"吗？》）其实，"怨"的艺术功能就在于两个主要的方面：一是通过艺术的"怨"，让上面的人"观"到这样的民情和民心，以调整自身和社会的行为；二是通过诗歌等艺术表现，使怨愤的情绪得以宣泄，这如同亚里士多德所说的悲剧的"净化"功能,使人的情感和心灵得到陶冶。

10.2 乐而不淫,哀而不伤

孔子认为《关雎》这首诗及其音乐是中正平和的典范,达到了"乐而不淫,哀而不伤"(《论语·八佾》)的境界。

"乐而不淫,哀而不伤"的评语,源自吴公子季札观赏《颂》乐之后的赞美之词"哀而不愁,乐而不荒"。在这句话的解读上,孔安国和朱熹的看法基本上一致,"乐而不至淫,哀而不至伤,言其和也","淫者,乐之过而失其正者也。伤者,哀之过而害于和者也"。其中的"淫",并不是我们一般所理解的色欲淫荡,《说文解字》解释为"久雨为淫","久雨"必然导致水量过多。所以孔颖达注疏说"淫者,过也,过其度量谓之为淫"。李泽厚指出,"淫""伤"均作过分、过度解,"乐而不淫,哀而不伤"的意思,是说所表达的快乐和悲哀的情感都很恰当,绝不过分。如果过分,就有伤于个体身心,有害于社会群体。

钱穆的理解,或许更能表达艺术审美的社会功能,他认为"哀乐者,人心之正",乐天爱人与悲天悯人,都属于人心的最高境界,皆无可厚非,但应该知道"哀乐之有正",哀乐有它的度,要戒除其

中的"淫"和"伤"。在孔子那里,"言诗"和"言礼"是互相印证的,两端并举,使人更容易体悟到"理智与情感合一,道德与艺术合一,人生与文学合一"的新境界。这一理解告诉我们,古时候的诗歌音乐等艺术是和伦理道德的教化高度统一的生动形态。所以,艺术中总是蕴含着它的价值取向,艺术中有一种深厚的底蕴,教化中有一种清新的美感。

孔子曾听子路弹琴,认为他没有真正领会音乐的精髓。先王创制音乐,是以中和之声为标准的音乐,这种音乐流入南方,却没有传到北方。南方是孕育万物的地方,北方是征战厮杀的疆场。所以君子的音乐,应该温和适中,以涵养哺育万物的元气。从前舜帝曾弹着五弦琴,唱着《南风》之歌:"南风之熏兮,可以解吾民之愠兮。"所以他的德政如清泉漫流。而殷纣王贵为天子,却喜欢北疆的杀伐征战之音,所以在瞬息之间国灭身亡。子路不学先王雅乐,却弹亡国之音,又怎能保全自己的七尺之躯呢?(《孔子家语·辨乐》)由这则典故可知,孔子是从本性上喜欢中正平和的雅乐。他评价舜所遗留下来的《箫韶》乐曲"温润以和,似南风之至",宗白华说,孔子是用婴儿至纯的心灵美意来比喻《韶》乐的。

孔子在齐国欣赏《韶》乐和《武》乐,也有不同的感受,认为前者尽善尽美,后者尽美而未尽善。
朱熹解释为,舜继承尧治理国家,和武王伐纣拯救
百姓,功绩是一样的,而不同之处在于,舜之德,
"揖逊而有天下",而武王之德,"征诛而得天下",
相形之下,舜更合乎仁道的本意。这是从道德角
度讨论"善"。而杨荫浏根据《乐记·宾牟贾》中的
记载,对《韶》和《武》的音乐做了推演,认为尽善和
尽美均指音乐艺术而言,《韶》乐流传数百年,一直
完好地保存了原始乐舞图腾崇拜的风貌,彰显了
"神人以和""温润以和"的特色;而《武》乐在传承
中,"有司失其传",乐曲中居然"声淫及商",而周
代雅乐是不用商音作为调式主音的,这就严重模
糊了周武王时古乐的历史原貌,所以"未尽善也"。
(《中国古代音乐史稿》)冯洁轩以《周礼》记载周人
避谈商音和考古学家对西周及春秋早期若干套编
钟的初步测音结果的双重证据(《论郑卫之音》),
也指正了这一点。但无论是从征伐的内涵来说,
还是从音乐本身的"失古""失雅"来说,都足以显
示,孔子更倾向于中正平和的雅乐。无独有偶,
《左传·襄公二十九年》记载,吴公子札在鲁国观
乐时,在所有乐曲中,也唯独对《韶》乐叹为观止。
可见,《韶》乐所寄寓的道德理想和所呈现的音乐
艺术,高度统一,以至于都令两位音乐人沉醉。

10.3 兴于诗,立于礼,成于乐

孔子说"兴于诗,立于礼,成于乐"(《论语·泰伯》)的时候,是在塑造一个完备的全面发展的君子人格:博学多才,知书达理,仁爱天下,举止优雅,精神愉悦。

朱熹《四书章句集注》对这句话的理解,可以作为我们讨论问题的开端。"兴于诗","兴"是"起",唤起人的情感。因为诗歌"感人又易入",不仅提供了历史、政治、文化的各种文献知识,而且容易触动人的情怀。诗所抒发的人的性情有邪有正,所以在吟咏诵读之间,会让人兴起抑恶向善之心,并从中领悟到礼义廉耻的基本含义。人格养成之初,从诗教开始,将审美之情和向善之德相结合,既引发了人的兴味,又打下了仁德的根基,这是一个很合适的起点。"立于礼",礼以恭敬谦逊为本意,又以规矩礼数为约束,为人必须遵循伦理规范,方可立足社会,这是卓然自立、不可动摇的做人原则,也是人格修炼的必经之路,需要通过学习礼仪获得。但如果仅修外在的礼仪规范,内在的心性得不到熔炼陶冶,那么,很可能由于情绪的波动而使遵礼守礼的行为发生偏差。所以还需要内在的心理调适,而调适的最自然也最文艺的方法就是"和之以乐"。"成于乐",乐有五声十二律，编排成歌舞又有八种乐器所奏的音乐，可以陶冶人的性情，荡涤邪念，消融傲气。所以人格养成到最后，达到"义精仁熟"的程度时，就要从音乐中体悟"和顺于道德"的要旨，只有心气和顺，才算完成了人格的修养。

在这三者中，学界对"成于乐"讨论最多，可概括为以下七种观点：

（1）"成于乐"就是成于"和"。皇侃认为"礼之用和为贵，行礼必须学乐，以和成己性也"，朱熹也说"和之以乐""和顺于道德"。音乐的艺术熏陶，让人培养趋于平和的心境，培养温雅性情。孔子曾说过"文之以礼乐，亦可以为成人矣"（《论语·宪问》），"文"有"文饰""美"的意思，也有"加之""成"的意思，意谓礼乐加身，可以修成人格。这就是后代儒家所说的"乐以治性""乐以成性"，音乐可以改变人的性情，使人自觉接受和实践仁道。

（2）"成于乐"就是成于"美"。张祥龙引《论语·八佾》中描述音乐的一段话"始作，翕如也；从之，纯如也，皦如也，绎如也，以成"，说明音乐的震撼力如横空出世，它的本性是让人"摆脱一切线性、因果、功利的思想方式"，进入自由翱翔的意识状态，抵达"灿烂充沛而又清晰纯净"的境界。

（《孔子的现象学阐释九讲——礼乐人生与哲理》）张祥龙认为"没有音乐，我们就理解不了世界上最理性的东西"，譬如"礼"和"格物致知"，人是由音乐的艺术审美进入深刻的理性道德的，并从音乐中体悟"天人相和"的意境。

（3）"成于乐"就是成于"善"。唐君毅认为，孔子之所以重视音乐，是因为音乐最能与个人、身体行为及心志言语等相互影响，并与人之德行密切相关。礼乐并行，能成就人的内外之德。孔子所谓"成于乐"，是从人的本性出发，认为人的情意感受，就是喜爱和声"正乐"，因为"正乐"使人心平气和。《韶》乐不仅以优美的旋律让孔子感到愉悦，而且表现了旋律背后的德性价值，从而使孔子体会到"善"的意义。（《中国哲学原论·原道》）

（4）"成于乐"就是成于"乐"，快乐的"乐"。李泽厚将"成于乐"归类于"情感性美学"，认为"兴于诗，立于礼，成于乐"对应"知之，好之，乐之"。就心理状态而言，"成于乐"这一层次指向音乐之余，更是快乐之最高层次或最高境界，即所谓"天地境界"或"悦神"的审美境界。江文也认为，孔子绝不是后代想象的死板的道学先生，"他的听觉很敏锐，感性如同婴儿肌肤般的细腻"（《孔子的乐论》），孔子使音乐有机地构成人的日常生活的审美。钱穆曾指出,后世诗学只捡了孔门教育的"干枯"的语言文字,而沦丧了"活泼滋润"的礼乐场景,因而也就丧失了孔子思想中最富有精神华彩的部分,丧失了"诗意"的人生。

(5)"成于乐"就是成于"道"。在孔子看来,音乐不仅仅具有艺术的审美价值,还具有存在论的意义。"成于乐"的意思就是只有通过音乐,人格才能达到完善的终极境界。日本学者今道友信认为"音乐艺术,使人在精神上超越了世界","只要精神超越相对世界,就会形成一种沐浴着绝对存在之光的神游的、自由的心醉神迷状态"。今道友信还以孔子说的"三月不知肉味"为例,认为这是音乐活动过程中的"超越式的沉醉",意味着精神的解放和自由。而陈赟则从音乐的时间流动性切入,认为只有音乐才能将我们从图像化的空间视野中解放出来,穿越幽明之间的隔阂,使主体自身的不在场的德性与在场的感情得以沟通,在我们的灵魂最深处引起共鸣。(《音乐、时间与人的存在——对儒家"成于乐"的现代理解》)

(6)"成于乐"就是成于"真"。蔡邕在《琴操》的《水仙操》题解中,讲述伯牙学琴于成连先生,三年未成,成连假托其师方子春在东海,将伯牙带至蓬莱山,伯牙在感受山林海涛鸟鸣的天籁和自然

之情后,就奏出了天下最美的琴声。在这里,蔡邕提出了"反其天真"的艺术理念,昭显了人格襟抱和澄明之境对艺术、对人生的特殊意义。徐复观在《中国艺术精神》一书中指出,"乐"是审美人格的上升,可以用来解决在由"兴诗""立礼"实现人格的过程中遇到的问题,完成最后的人格修养。概言之,就是孔子追求"人生艺术化"。徐复观还借《乐记》"情深而文明"指出,情深,既是一种积淀日深的"乐感",又是"直从人的生命根源处流出"的性情的本真。

(7)"成于乐"就是成于"合"。修海林认为"兴于诗,立于礼,成于乐"这三者是整合性而非流程性的,最后整合于"乐"。这个"乐"已经不再是单纯的艺术范畴的音乐,也不是外求于礼、内求于乐的礼乐互补的乐,而是在诗乐与礼仪的学习和行乐中共构一体的"乐",也就是周敦颐所说的"寻孔颜乐处"的那个"乐"。在诗、礼、乐合成的艺术生态中,整个人都成了道德之善和艺术之美的化身,所以叫"成于乐"。刘纲纪就说过,中国艺术是美和善的统一,而艺术具有陶冶性情,继而促成社会人伦理想境界实现的功能。

综上所述,"成于乐"的内涵主要体现于以下三方面:

一是就音乐与自我人格而言,"成于乐",就是体悟"大乐与天地同和"的妙旨,沐浴于"雅颂之声"对"人之善心"的感动,"君子听之,以平其心。心平,德和",人从雅乐中理解"中正平和"的人格旨趣,陶冶性情,以最终完成人格修养。

二是就音乐与圣贤之道而言,君子在人格修养过程中所体悟到的天地之和、圣贤之道的微言大义,无法用逻辑性的语言表述,甚至也不能完全用"诗—言—思"的诗意表达方式穷尽其中的微妙,唯有音乐能沟通和传达其中的无形之象、无言之美,抵达其思想的幽微深邃处。这就是孔子所说的"至乐无声而天下民和"(《孔子家语·王言解》)。孔子弹《文王操》,从文王之声渐悟文王之道,发挥出文王之志。大道幽隐,唯有音乐能最后完成它的形上之思。

三是就音乐与艺术审美而言,"成于乐"的"成",其本质就在于以"乐教"来实现人的德性修养。所谓乐教,是由音乐教育管理者"乐正",根据先王体制,以诗、书、礼、乐造就君子品格。具体方法是将道德教育与雅乐活动融为一体,政教伦理与艺术审美相辅相成,在一种"艺术化"的社会行为中,人的自然本能,进化为理性文明和审美情感,抵达"成均""中和"的理想境界。这就是李泽

厚所说的"在感性、自然性中建立起理性、社会性"。最能说明问题的是,当时乐队、乐舞的规模,按"天子用八,诸侯用四,士二"(《左传·隐公四年》)的规定,与分封制、宗法制的社会等级相对应,人在乐舞中体悟伦理序次,而不像后世的道德说教枯燥乏味。修海林在《中国古代音乐教育》中指出,乐舞以歌颂圣贤英雄和再现民族历史为主,其教育功能,以圣贤英雄为道德规范,以历史知识为理性智慧,以形体动作为体能训练,以艺术实践为审美体验,可以说是德、智、体、美兼备,"礼乐交错""其成也怿"(《礼记·文王世子》)。因此,人在"乐教"中全面发展,快乐、完美地成长。

《乐记》说"凡音生于人心""唯乐不可以为伪",又说"德者,性之端,乐者,德之华",当艺术之美俱含道德之善,道德之善尽现艺术之美,并趋于尽善尽美,为人处世留下的都是美好的回味,君子的人格养成才算到家了,德性修为才算"成"了。道德之善与艺术之美相得益彰,才是成人之标志,至善仁德与至美艺术高度统一,才是人格之圆满。

参考文献

一、著作类

[1] 朱熹. 四书章句集注[M]. 北京:中华书局,1983.

[2] CREEL H G(顾立雅). 孔子与中国之道[M]. 高专诚,译. 太原:山西人民出版社,1992.

[3] 郝大维,安乐哲. 孔子哲学思微[M]. 蒋弋为, 李志林,译. 南京:江苏人民出版社,1996.

[4] 李长之. 孔子的故事[M]. 北京:北京出版社,2002.

[5] 钱穆. 孔子传[M]. 北京:生活·读书·新知三联书店,2002.

[6] 郭齐勇. 儒家伦理争鸣集——以"亲亲互隐"为中心[M]. 武汉:湖北教育出版社,2004.

[7] 钱穆. 论语新解[M]. 北京:生活·读书·新知三联书店,2005.

[8] 杨伯峻. 论语译注[M]. 北京:中华书局,2009.

[9] 孔子家语[M]. 王国轩,王秀梅,译,注. 北京:中华书局,2011.

[10] 程树德. 论语集释[M]. 北京:中华书局,2013.

二、论文类

[1] 钱锺书. 诗可以怨[J]. 文学评论,1981(1).

[2] 洪业.半部论语治天下辨[M].//洪业.洪业论学集.北京:中华书局,1981.

[3] 廖名春.《论语》"朝闻道,夕死可矣"章新释[J].清华大学学报(哲学社会科学版),2009(6).

[4] 魏顺光."己所不欲,勿施于人"的法文化解读[J].江淮论坛,2010(1).

[5] 俞吾金.黄金律令,还是权力意志——对"己所不欲,勿施于人"命题的新探析[J].道德与文明,2012(5).

[6] 李义天.仁者不忧:美德伦理视野中的儒学问题[J].吉首大学学报(社会科学版),2012(6).

[7] 彭怀祖."己所不欲,勿施于人"的当代道德价值——对俞吾金先生《黄金律令,还是权力意志》一文的商榷[J].道德与文明,2015(1).

[8] 张柠.诗可以乐?——读钱锺书先生《诗可以怨》[J].北京师范大学学报(社会科学版),2016(1).

[9] 余纪元,金小燕,韩燕丽."述而不作"何以成就孔子?[J].孔子研究,2018(2).

[10] 崔罡.选择孝的方式——《论语》"色难"说新解[J].孔子研究,2018(3).

后　记

　　以《论语》为选题,完全是因为性情投合。为了还原经典的本色和本义,本书采取词义训释和哲理阐发相结合的方式,考据与义理相统一,但重在义理,既立足传统经学的丰厚积淀,又关顾现代学术的前沿成果。各章各节以专题形式展开,尤其对"名正言顺""思无邪""仁者无忧""好德如好色""述而不作""亲亲相隐""宰予昼寝"等命题进行了深入探讨。

　　虽说之前有数年积累,但一旦付诸写作,仍须一一考辨厘定,务求真实可信。而且写作时,还要避免干枯板滞的说教,呈现活泼滋润的历史语境。当年孔子的理想,是要替天下建立一个为人处世的标准,他在"天道—人心""天理—人性"的呼应中,发现了核心价值"仁",并找到了代表这种价值的人格风范"君子"和实现这一价值的"礼乐"路径。之后的儒学传人,都是沿着这一条脉络追寻孔子的足迹。对此,我们也理应做出合理阐释。所以,读、写的过程,也是自我浸润、感悟、提升的过程。春去秋来,寒暑易节,我体验到了夙兴夜寐、焚膏继晷的治学艰难,当然,体验到更多的是"发愤忘食,乐以忘忧,不知老之将至"的心灵宁静,以及"三月不知肉味"的精神喜悦。

"天不生仲尼,万古长如夜",《论语》的哲理内蕴,就像一束光,照彻我的灵府。无奈《论语》博大精深,我穷尽一生,恐怕都难以参透其全部旨趣。司马迁说,著书当力戒空言而求"深切著明",但以我的能力与水平,只能抵达目前的程度。好在孔子自己也说过:"若圣与仁,则吾岂敢?"

一个时代有一个时代的文化风尚。传统文化不可能完全适用当下,因为那个时代已经回不去了!但古圣先贤在苍茫的天地之间所体悟到的宇宙本源、人生本真,属于超越时空的对本体的追寻,因此绵亘千古而不绝。千年浸润,沉淀着天道的幽玄、文化的遐思、人生的智慧,妙悟其道,自可明察世道人心,御风云之变,拥天地之美。

感谢蒋承勇教授的厚爱,将本书收录于他主编的"网络化人文文丛",感谢浙江工商大学出版社刘淑娟编辑为本书的出版所付出的辛劳,感谢我的工作单位台州学院对我的大力支持,感谢所有关心和支持本书出版的师长、朋友和家人。

这本小书写完了,《论语》这扇门却仿佛刚刚打开,经典犹如《韶》乐之美妙,温润平和,似南风吹拂。

王　正
2018 年 10 月 6 日于台州